Dyrian Benz

Alles zur rechten Zeit

Dyrian Benz

Alles zur rechten Zeit

Glücklicher leben im Rhythmus der inneren Jahreszeiten

Kösel

Übersetzung aus dem amerikanischen Originalmanuskript
»The Best Time of Your Life. Life-Seasons«
von Karl H. Benz, Karlsruhe

ISBN 3-466-34355-0

Druck und Bindung: Kösel, Kempten
Umschlaggestaltung: Elisabeth Petersen, München
Umschlagillustration: Brigitte Smith, München

1 2 3 4 5 · 00 99 98 97 96

Gedruckt auf umweltfreundlich hergestelltem Werkdruckpapier
(säurefrei und chlorfrei gebleicht)

Inhalt

Einleitung

Der Garten unseres inneren Wesens ist dem Wechsel der Jahreszeiten ebenso unterworfen wie jeder Garten in der Natur. Alltagsleben, Arbeit und Beziehungen zu anderen Menschen, alles entwickelt sich in einem ständigen jahreszeitlichen Rhythmus, der folgende vier Phasen hat:

1. Entfaltung – die Zeit des Frühlings:
   Etwas Neues beginnt mit einem Wunsch, einer Idee, einem Gefühl oder einer Ahnung.
2. Handlung – die Zeit des Sommers:
   Wir werden aufgrund der Vorstellung aktiv, handeln sachgerecht und mit Herz, wir tun, was ansteht.
3. Aufnehmen – die Zeit des Herbstes:
   Wir genießen die vollendete Handlung, das Ereignis, das Ergebnis.
4. Loslassen – die Zeit des Winters:
   Wir ruhen uns aus, entspannen und laden auf, um für die nächsten Aktivitäten bereit zu sein.

Um diesen Zyklus des Wandels vollständig zu machen, müssen wir auch einen fünften Faktor beachten: das Zentrum der Lebendigkeit in uns.
Die Natur hat eine Vitalität, die alles Wachstum und alle Aktivitäten belebt.
Dieselbe Lebendigkeit, die in der Natur wirkt, bewegt auch uns. Sie hat bestimmte Eigenschaften, die in allem sichtbar werden, was von ihr durchdrungen ist. Die Tendenz zu rhythmischen Kreisläufen ist eine dieser Eigenschaften.
Die Natur besteht aus vielen sich wiederholenden Kreisläufen wie Keimen – Reifen – Zerfall, Tag und Nacht, Ebbe und Flut, Warm und Kalt usw. Obgleich sich diese Kreisläufe wiederholen, sind sie dennoch niemals völlig identisch. So hat jeder Frühling viele Eigenschaften, die immer wiederkehren, doch jeder

Frühling ist auch wieder vollkommen neu in seinen Elementen und seinem Verlauf.

Es sind deshalb die Jahreszeiten, die uns zeigen können, was es heißt, sich durch die Freuden und Leiden des Lebens zu entwickeln, zu wachsen und zu reifen.

Panta rhei. Alles fließt.

Heraklit (544-483)

Dieser Fluß der Zeiten und der Natur, den wir Zyklus des Wandels nennen, wird uns in diesem Buch ständig begleiten. Wir werden sehen, wie die Phasen der Jahreszeiten unser Leben bestimmen, und wir werden die Zusammenhänge innerhalb dieser periodischen Rhythmen kennenlernen. Dabei wollen wir auch prüfen, welche Barrieren und Süchte unser Leben beeinträchtigen.

Eines der bekanntesten Gedichte von Rainer Maria Rilke beschreibt eine solch zyklische Bewegung des Lebens in folgender Weise:

Ich lebe mein Leben in wachsenden Ringen
Die sich über die Dinge ziehen
Ich werde den letzten vielleicht nicht vollbringen
Aber versuchen will ich ihn

Ich kreise um Gott den alten Turm
Und kreise Jahrtausende lang.
Und weiß noch immer nicht
Bin ich ein Falke, ein Sturm
oder ein großer Gesang.

Wenn Macht den Menschen arrogant werden läßt, erinnert ihn die Lyrik an seine Grenzen. Wenn Macht korruptiert, läutert Lyrik.

John Fitzgerald Kennedy

Es gibt genügend Muster in der Natur, der Welt und der menschlichen Gesellschaft, aus denen wir lernen können. Deshalb beziehe ich mich in diesem Buch sowohl auf das moderne psychologische Wissen als auch auf die Jahreszeiten, auf Einsichten der Weisheits-Traditionen großer Kulturen und Naturvölker und die Inspiration der Lyrik.

Wir neigen dazu, Natur als etwas Fremdes, Andersartiges und von uns Getrenntes zu sehen.

Drei wichtige Themen des Lebens und dieses Buches sind 1. die innere und äußere Welt, in der wir leben, 2. die Gesellschaft und unsere Beziehungen zu anderen und 3. die Natur, in die wir eingebunden sind und die uns durch ihre Kreisläufe fortwährend beeinflußt. Diese drei großen Kräfte sind ständig miteinander verflochten.

Unsere Welt ist die Kultur, der Ort und die Zeit, in der wir leben, sowie unsere inneren Einstellungen und Vorstellungen. Es sind die Umstände unserer Welt, die wir erleben, verstehen und wirkungsvoll handhaben wollen. Das bedeutet auch, daß wir unsere Weltanschauung, die unser Leben und Wirken beeinflußt, ständig neu hinterfragen müssen. Wir steuern darauf hin, eine Welt und Weltanschauung in uns zu entwickeln, die sich mit der Tiefe und Fülle der äußeren Welt entwickeln und entfalten kann.

Die Gesellschaft und unsere Beziehung zu anderen Menschen stellt das emotionale Fundament unseres Lebens dar. Die Qualität unserer Beziehungen wird zum kritischen Drehpunkt für unsere Zufriedenheit und Erfüllung im Leben. Unsere Beziehungen zu anderen, zur Natur und zur Welt haben einen grundlegenden Einfluß auf unsere Lebensqualität und sind deshalb ein wichtiger Punkt in diesem Buch.

Die Natur kann uns daran erinnern, daß wir in dem großen Fluß des Lebens eingebunden sind mit all seinen natürlichen Rhythmen und wiederkehrenden Kreisläufen. Die Lebendigkeit der Natur ist der Treibstoff für unsere volle und reife Entwicklung. Wir werden versuchen, genau jene Lektionen der Natur für uns herauszuschälen, die für unsere Entwicklung maßgebend sind. Die natürliche Entwicklung unseres Menschseins, die wir fördern wollen, führt dazu, das in uns schlummernde Potential voll zum Leben zu erwecken.

Natur ist eine Symphonie. Und die Symphonie wird schweigend orchestriert auf dem Urgrund der Schöpfung. Der menschliche Körper ist ein anderes Beispiel dieser Symphonie.

Deepak Chopra

Welt, Gesellschaft und Natur umfassen und durchdringen unser Leben, und das wollen wir in diesem Buch fördern, nützen und entwickeln.

Dazu gehört auch, daß wir genau anschauen, wie sich die Jahreszeiten der Natur in unserem Leben widerspiegeln. Wir müssen also wissen, in welcher Phase oder »Jahreszeit« einer Situation wir sind, um sie gut handhaben zu können. Denn bei einer Sache, die gerade im Entstehen ist (ähnlich dem Frühling), wird eine ganz andere Art von Aufmerksamkeit gebraucht werden als bei einer Entwicklung, die zu Ende geht (ähnlich der Winterphase).

Wie bei den Phasen der Natur so hat auch jede unserer Situationen ihren eigenen jahreszeitlichen Verlauf. Jedoch anders als in der Natur, dominiert in unserem Leben nur selten eine einzige Jahreszeit. Dies geschieht nur bei außergewöhnlichen Umständen wie in Phasen großer Veränderungen, in Lebenskrisen oder Perioden völliger Zufriedenheit. Generell jedoch sind wir in so viele Jahreszeiten verwickelt, wie wir Schwierigkeiten und Aufgaben im Leben haben.

Die Bezeichnungen »Jahreszeiten« und »Phasen« werden in diesem Buch wechselweise verwendet. Dieses soll die Tatsache hervorheben, daß der Kreislauf zwar jahreszeitartig verläuft, jedoch sein Ablauf nicht so rigide ist wie bei einem Klima, das vier aufeinanderfolgenden Jahreszeiten unterworfen ist.

Die Gedanken, die mir lieb sind – die Schönheit der Dinge, die mit den Jahreszeiten kommen –, sie sind so zahlenlos wie die Sandkörner am Strand.

Matsuo Basho
(1644-1695)

Es gibt keinen uniformen Zeitablauf für die einzelnen Phasen in unserem Leben, sondern es hängt alles von den Aufgaben und dem Umfang der Situation ab. Ob du beispielsweise deine Blumen gießen oder einen Urlaub machen willst – beides braucht seine Vorbereitung. Dies ist die Jahreszeit der Entfaltung: sie erfordert entweder, die Gießkanne zu füllen oder sich hinzusetzen, um Reiseziel, Reiseroute und Gepäck zu planen. Die vorbereitende Zeit für eine Aufgabe wie Blumengießen ist sicher kürzer als die für eine Reisevorbereitung. Dennoch beginnen beide Aktivitäten mit einer speziellen Vorbereitung, und insofern sind sie in der gleichen jahreszeitlichen Phase.

Wichtig zu wissen ist, wie die jeweilige Jahreszeit wirksam bewältigt werden kann. Um mit einer Phase, die wir erkannt haben, richtig umzugehen, müssen wir wesentliche Eigenheiten, Lehren, Gefahren und Vorteile dieser jahreszeitlichen Phase berücksichtigen.

Wir brauchen also eine wirksame Vorgehensweise für die äußere Situation sowie eine effektive innere Einstellung.

Jede Aufgabe unseres Lebens hat ihren eigenen jahreszeitlichen Verlauf.

Der Jahreszeiten-Zyklus

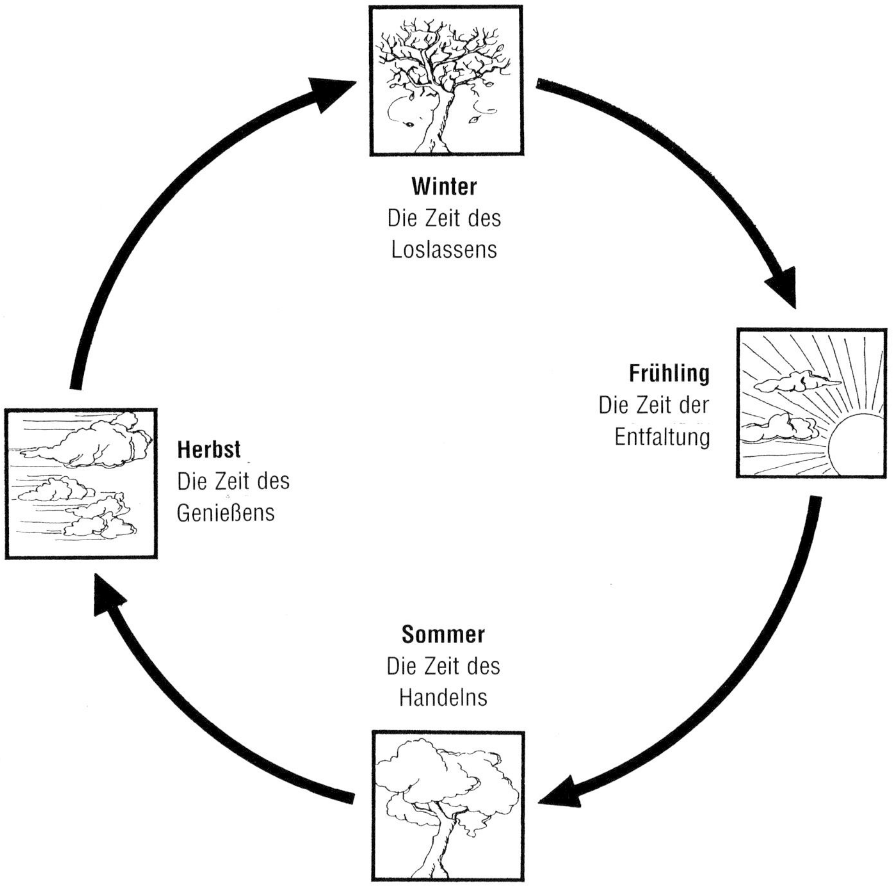

Wenn wir dabei behutsam vorgehen, entdecken wir etwas Erstaunliches: nämlich den Luxus, sich gerade dann Zeit zu nehmen, wenn es scheint, als ob man sich dies am allerwenigsten erlauben kann. Wie schwer ist diese Lektion! Wir vergessen schnell, daß es keine Sofortlösungen für tiefsitzende Probleme gibt. Wunderwaffen haben keine lange Lebensdauer. Jedes ernste Problem bedarf beachtlicher Zeit oder besonderer Intensität, um sich zu entwickeln. Es wird auch deshalb nicht über Nacht verschwinden. Darum ist es am besten, erst einmal einen Schritt zurückzutreten, um das Problem aus einer überschaubaren Perspektive zu betrachten und alle Teile des Puzzles zu erkennen.

Die schönste Erfahrung, die wir machen können, ist das Geheimnisvolle, das Mysteriöse. Es ist das grundlegende Gefühl, das an der Wiege aller wahren Kunst und wahren Wissenschaft steht.

Albert Einstein (1879-1955)

Auch die Haltung von Akzeptanz und aktiver Neugier gehören zu solch einem reflektierenden Geisteszustand, der Perspektive gibt, statt vollständig von der Situation aufgesogen zu werden. Am allerbesten ist jedoch die Verbindung von völligem Eintauchen in die Situation, zusammen mit einer reflektierenden Perspektive. Zur optimalen Kombination für inneres Wachstum gehört, Dinge aus der Haltung eines »inneren Zeugen« zu betrachten und gleichzeitig voll präsent zu sein und im Leben zu stehen.

In den folgenden Kapiteln werden wir die wesentlichen Themen genauer anschauen. Kapitel 1 zeigt, auf welche Art der Zyklus des Wandels unser Leben fortwährend durchdringt und beeinflußt. Kapitel 2 befaßt sich mit der Essenz, mit unserer Lebendigkeit und ihrer Beziehung zur Persönlichkeit. In Kapitel 3 erleben wir den elementaren Lebenspuls und wie er durch Barrieren und Süchte unterbrochen werden kann. Von Kapitel 4 bis 7 befassen wir uns mit den speziellen Phasen und die ihr zugehörigen Fähigkeiten, welche für ein erfülltes Leben grundlegend sind. Die Hauptthemen dieser Kapitel konzentrieren sich auf natürliche Entfaltung, herzvolle Handlung, tiefes Genießen und befreiendes Loslassen. Das abschließende Kapitel 8 befaßt sich damit, wie wir unser volles Wesen in der Welt zum Ausdruck bringen und leben können.

Wenn du Luftschlösser gebaut hast, muß deine Arbeit nicht vergebens sein; sie sollen dort bleiben. Du mußt nur ein Fundament darunter setzen.

Henry David Thoreau (1817-1862)

Alle Kapitel enthalten spezielle Übungen, die jedem die Möglichkeit geben, das Gelesene praktisch anzuwenden und durch Erfahrung zu vertiefen.

1 Der Zyklus des Wandels

Alle Bereiche des Lebens, auch zwischenmenschliche, zeigen sich als jahreszeitliche Kreisläufe. Das habe ich in meinem privaten Leben ebenso erfahren wie in meiner Tätigkeit als Therapeut, Seminarleiter und Ausbilder von Therapeuten. Auf welche Weise Beziehungsmuster dem Zyklus des Wandels unterliegen, zeigt exemplarisch das folgende Beispiel einer Therapie:

Einer meiner Klienten, Robert, kam zu mir, weil er des Alleinseins müde war. Vorausgegangene Partnerschaften scheiterten immer wieder, und er fühlte sich in vielerlei Hinsicht dadurch verletzt. Mittlerweile war er Beziehungen gegenüber mißtrauisch geworden, doch nun wollte er einen neuen Versuch unternehmen. Die abgrundtiefe Einsamkeit seines Lebens war ihm bewußt, und diesmal suchte er nach einem wirklichen Partner fürs Leben. Während wir miteinander arbeiteten, geschah dann etwas Ungewöhnliches: Robert fand tatsächlich eine Frau, die unglaublich gut zu ihm paßte.

Wie sich im nachhinein feststellen ließ, hatten wir in unseren Sitzungen die Voraussetzungen dafür geschaffen. Nicht etwa dadurch, daß er Anregungen dafür erhielt, wie oder wo er sich umschauen sollte. Er hatte vielmehr daran gearbeitet, seine Furcht abzubauen, konnte sich von seinem Schmerz und Mißtrauen lösen und war durch diesen Prozeß offen geworden für das, was das Leben ihm zu bieten hatte. Aus der jahreszeitlichen Perspektive läßt sich beschreiben, wie sich Roberts Entwicklung durch alle Phasen des Zyklus bewegte:

- Er begann in der entfaltenden Phase, der Jahreszeit des Frühjahrs. Diese Phase zeigte sich in seiner Bereitwilligkeit und Offenheit, erneut sein Beziehungsmuster zu prüfen, um mehr Klarheit zu bekommen. Er machte einen neuen Anfang.
- Die folgende, dem Sommer ähnliche, handelnde Phase wurde durch seine Bereitschaft ausgedrückt, etwas zu unternehmen. Er tat dies, indem er sich zur Therapie entschloß, dort seine Leere, Ängste, Unsicherheit, aber auch Hoffnung erlebte, und darüber hinaus aktiv nach neuen Gelegenheiten für eine Beziehung suchte.
- Anschließend kam die Herbstphase. Diese Phase des Genießens zeigte sich in der Zufriedenheit und Liebe, die er in der Beziehung erfuhr und die er sowohl fühlen als auch annehmen konnte. Er war bereit, sich emotional berühren zu lassen.
- Schließlich offenbarte sich die loslassende Phase des Winters in der Fähigkeit, seinen Schmerz und sein Mißtrauen auch wirklich loszulassen. Er wurde fähig, sich einer neuen Beziehung zu öffnen, damit sie sich weiter entfalten konnte. Er konnte die alten Ängste loslassen und einfach präsent sein.

Die Menschen stolpern gelegentlich über die Wahrheit, aber die meisten stehen auf und eilen weiter, als ob nichts geschehen sei.

Winston Churchill (1874-1965)

Auf diese Weise bewegte sich Robert durch den gesamten Zyklus des Wandels. Die Kenntnis dieses zyklischen Flusses machte es in der gemeinsamen Arbeit möglich, alle Elemente des Kreislaufes bewußt mit einzuschließen, damit er zu einer vollen und reichen Erfahrung gelangen konnte.

Die Natur wird von der gleichen Quelle der Lebendigkeit bewegt, die auch uns belebt.

In Asien gibt es das Sprichwort: »Ein Lehrer erscheint, wenn der Schüler dazu bereit ist.« Dies trifft auf viele Entwicklungen in unserem Leben zu. Als Robert bereit und im Einklang mit seinem Leben war, konnte seine gewünschte

Lebenspartnerin auftauchen. Vieles hängt davon ab, ob wir in Übereinstimmung mit dem Rhythmus unseres Lebens sind. Das Leben hält immer alle Möglichkeiten bereit. Es gibt keinen Mangel an Lehrern, Partnern, Liebe, Geld, Weisheit und so weiter. Alles hängt von unserer Fähigkeit ab, das an uns zu ziehen, was dem tatsächlichen Verlangen und den Wünschen unserer Seele entspricht.
Wenn wir im Rhythmus mit der Natur leben, mit einem Wissen vom Zyklus des Wandels, haben wir stets einen Kompaß zur Seite. Wir müssen dann nicht ohne Orientierung, nicht allein ins Dunkle gehen. Solange wir am Leben sind, werden wir von der gleichen Quelle der Lebendigkeit bewegt, die auch die Natur belebt. Ein Gedicht, das uns rät, an diesen Zusammenhang zu denken, sagt:

Wir spüren, es gibt eine Kraft,
die die Vögel liebt,
die alle Tiere liebt – selbst die Ameisen.
Vielleicht ist es die gleiche Kraft,
die dir in deiner Mutter Leib die Wärme gab.
Ist es da logisch,
daß du durch die Welt gehst,
als wärst du völlig allein?

Kabir

Persönlichkeit und Essenz

Um unser Leben in Fluß zu bringen, müssen wir bereit sein, die Zwänge unserer Persönlichkeitsstruktur zu verringern, damit aus der Tiefe Essenz auftauchen kann.
Es gibt ein Selbstporträt des belgischen Malers René Magritte, in dem er sich selbst darstellt, während er ein Bild malt. In diesem Selbstporträt betrachtet er ein Ei, als ob er es malen wolle. Doch was er tatsächlich malt, ist ein Vogel. Seine Augen betrachten ein Ei, seine Hand jedoch malt den Vogel, der im Ei verborgen ist.

Der Wandel, der sich zwischen den Augen des Künstlers und seiner Hand abspielt, ist ähnlich dem Unterschied zwischen Persönlichkeit und Essenz. Das Ei entspricht unserer Persönlichkeit, die mit der Zeit eine harte, jedoch zerbrechliche Schale entwickelt hat. Oft vergessen wir die »schlafende Lebendigkeit«, die Essenz, innerhalb dieser Schale. Der Vogel entspricht unserer erwachten Essenz, unserem Wesenskern, den wir in uns wissen oder erahnen. Auch wenn dieser Wesenskern meist durch den Nebel unseres Alltagslebens verschleiert wird, bleibt die uns angeborene Essenz doch das Eigentliche, das Wesentliche an unserer Existenz. Allerdings bedarf es künstlerischer und inspirierter Augen, um diese tiefe Wirklichkeit unter dem Offensichtlichen zu sehen.
Zu häufig verändern außerdem unsere Vorurteile die Wahrnehmung der Wirklichkeit so sehr, daß wir im Endeffekt nur das sehen, was wir zu sehen erwarten. So geschehen in folgender überlieferten Geschichte:

Ein Mann, der feststellte, daß seine Axt fehlte,
verdächtigte sofort den Sohn seines Nachbarn.
Der Junge ging wie ein Dieb, sah aus wie ein Dieb
und sprach wie ein Dieb.
Doch während er im Tal grub, fand der Mann seine Axt.
Als er das nächste Mal den Sohn seines Nachbarn sah,
schaute dieser so aus, ging und redete
wie jeder andere Junge.

Gewöhnlich erhält unsere Persönlichkeit die meiste Aufmerksamkeit und wird am häufigsten glorifiziert. Die Persönlichkeit definiert, dirigiert, schützt, begrenzt, treibt und leitet uns durch das Leben. Wird jemand gar als »Persönlichkeit« bezeichnet, so signalisiert dies für alle Bedeutung und Erfolg.
Mitunter wird diese geschaffene Persönlichkeit so wichtig, daß die Person dahinter ganz verschwindet. Greta Garbo liefert hierfür ein extremes Beispiel. Im Jahr 1940 war sie ein bedeutender Filmstar. In den Jahren davor wurde sie zweimal für den Oscar vorgeschlagen. Doch als 1941 ihr Film »Frau mit zwei Gesichtern« ein Mißerfolg an den Kinokassen wurde, entschloß sie sich, mit 36 Jahren in den »vorübergehenden Ruhestand« zu gehen. In der Folge lehnte sie alle Filmangebote ab und wurde bald zur berühmtesten Einsiedlerin der Filmgeschichte. Ihr geschaffenes Selbstbild verhärtete sich bei ihr zur Alltagsrealität. Sie gab zu erkennen, wie sehr sie selbst an die Illusion glaubte, als sie einmal

erklärte: »Heute bedeutet mir meine Legende alles ... Ich würde sogar mein Leben opfern, um die Legende nicht zu gefährden.« Ihre Selbstdarstellung ist ein deutliches Beispiel dafür, wie sehr die Gefahr besteht, von den Mustern unserer Persönlichkeit beherrscht zu werden und sie als endgültige Realität zu sehen.

Die Persönlichkeit definiert, dirigiert, schützt, begrenzt, treibt und leitet uns durch das Leben.

Wenn ich an »mir selbst arbeite«, »arbeite« ich eigentlich an meiner Persönlichkeit. Sie ist formbar und definierbar – wenigstens teilweise. Die Persönlichkeit gleicht dem Ei im Bild des Künstlers. Wir können sie sehen, berühren, schmecken und sogar zerbrechen. Schon immer erfuhr dieses »Persönlichkeits-Ei« viel Aufmerksamkeit, und auch in diesem Buch werden wir uns mit der Entwicklung unserer Persönlichkeit beschäftigen. Ebenso werden wir aber auch die Essenz und die Seele, also unser Wesen in seiner Ganzheit, betrachten. Die geeignete Sicht der Dinge läßt sich am besten in folgender Analogie ausdrücken: Gott schläft in den Steinen, atmet in den Pflanzen, träumt in den Tieren und wacht im Menschen auf.

Die Persönlichkeit zeigt sich demnach in den Handlungen, die erkennbare Spuren in unserem Leben hinterlassen. Das Wirken unserer Essenz dagegen ist wie der Lufthauch eines Flügelschlags. Selbst wenn wir nur die Persönlichkeit von anderen vor uns sehen (das »Ei«), könnten wir, wenn wir tief genug blicken, auch das Wesen der anderen erkennen (den »Vogel«). Diese innerste Essenz wartet immer darauf, die Flügel auszubreiten und sich zu erheben. Die Persönlichkeit versucht zwar, unser Lebensschiff zu beherrschen und zu steuern, doch unsere Essenz füllt wie ein kaum wahrnehmbarer, unsichtbarer Wind unsere Segel und setzt uns in Bewegung.

Die Natur ist für mich wie ein unbegrenzter Radiosender, durch den Gott ständig zu uns spricht, falls wir nur den richtigen Sender einstellen.

George Washington Carver (1864-1943)

Leider werden die Qualitäten der Essenz oft von der Psychologie vernachlässigt. Der Fokus dieses Buches ist jedoch auf unser ganzes Sein gerichtet, so daß

Unsere Essenz wartet immer darauf,
die Flügel auszubreiten und sich zu erheben.

Persönlichkeit, Körper, Essenz und Seele gleichermaßen ihre Bedeutung erhalten. Erst dann können wir uns mit der Kern-Dynamik unseres ganzen Seins befassen, mit dem, was uns tief bewegt.

Mensch und Natur

All unsere ökologischen Probleme entstehen durch mangelhaftes Verständnis unserer Verbundenheit zur Natur und zu naturbedingten Prozessen. Wir neigen dazu, Natur als etwas Fremdes, Andersartiges, von uns Getrenntes zu sehen, obwohl wir offensichtlich ein integraler Teil von ihr sind.
Die Öko-Psychologie, ein sich neu entwickelnder Zweig der Psychologie, ist ein gutes Beispiel für das Wiederauftauchen der Natur im psychologischen Denken. Dieser Ansatz versucht, den Menschen in der Relation von Natur und Leben neu zu ergründen, statt den einzelnen als Zentrum des Universums zu betrachten. Sicherlich ist dies kein neuer Gedanke, doch es ist einer, der heute allzu oft vergessen wird. Deshalb ist es wichtig, für diesen Zusammenhang einzutreten, der für alle Aspekte des Lebens Relevanz hat. Der Meditationslehrer Jack Kornfield formulierte das, was Freud über den Vorrang von Liebe und Arbeit geschrieben hatte, einmal so:
»Sigmund Freud sagt, daß er den Leuten helfen wolle, zu lieben und zu arbeiten. Wenn wir nicht lieben können und keine für die Erde bedeutungsvolle Arbeit verrichten können, wofür sollen dann all unsere Meditation und spirituellen Übungen gut sein?«
Wenn wir etwas als »anders« empfinden, neigen wir dazu, es zu versachlichen, zu mißachten und oftmals auch zu mißbrauchen. Wenn wir aber die Natur als etwas sehen, von dem wir nur ein Teil sind, wird es schwerer, einen solchen Mißbrauch zu rechtfertigen. Wenn ich weiß, daß die Bäume wirksam dazu beitragen, die von mir eingeatmete Luft zu regenerieren, dann ist es nicht mehr

so leicht, über das Fällen eines Baumes einfach hinwegzugehen. Gewalt und Gedankenlosigkeit, die wir gegenüber anderen ausüben, hat dieselben Ursachen. Unsere Mißachtung für die gemeinsame Essenz und die generelle Gleichheit aller Menschen führt dazu, daß wir uns einbilden, nur einen »anderen« zu verletzen. Tatsächlich verletzen wir uns in diesem Moment auch selbst, weil wir uns in der Essenz so nahe sind. Ein berühmter Indianer, Häuptling Seattle, brachte dies klar zum Ausdruck, als er sagte:

Lehrt eure Kinder,
was wir unsere Kinder lehrten:
Die Erde ist unsere Mutter.
Was der Erde zustößt,
wird auch den Söhnen und Töchtern der Erde geschehen.
Wenn Menschen auf den Boden spucken,
spucken sie auf sich selbst.

Das wissen wir:
Die Erde gehört nicht uns;
wir gehören der Erde.

Das wissen wir:
Alles ist miteinander verbunden.
Wie Blut, das eine Familie vereint.
Alles hat eine innere Verbindung.

Die poetische Sprache eines siebenhundert Jahre alten chinesischen Gedichtes macht uns folgendermaßen auf den jahreszeitlichen Fluß in der Natur und auch in unserem Leben aufmerksam:

Zehntausend Blumen im Frühling,
eine kühle Brise im Sommer,
der Mond im Herbst,
Schnee im Winter.

Wenn dein Geist
nicht von unnötigen Dingen umwölkt ist:
Dies ist die beste Zeit deines Lebens.

Wu-Men

Stellt man sich dieses Gedicht von Seite 21 in Form einer Spirale vor, dann verdeutlicht es die zyklische Natur der Jahreszeiten und weist auch auf die zentrale Quelle hin. Der Weg, es in dieser Form zu lesen, besteht darin, rechts anzufangen und dann den Pfeilen zu folgen. Betrachte es als eine Landkarte und beginne im Osten (rechts) zu lesen. Für viele Kulturen ist der Osten der »Anfang von Allem«, die Richtung, aus der die Morgendämmerung und das Licht kommen.

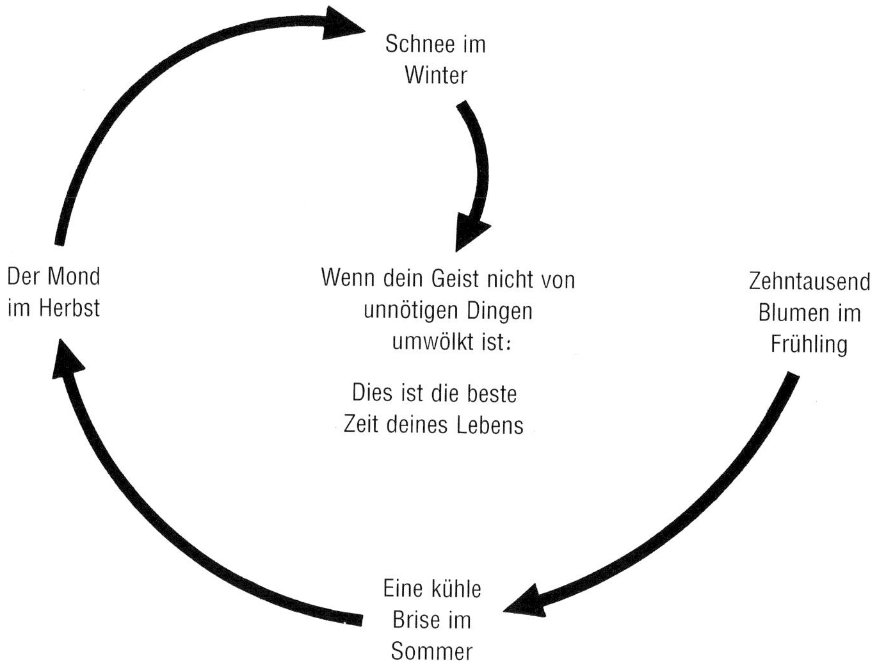

2 Essenz

Gehe den Weg zum Brunnen,
drehe dich, so wie Erde
und Mond das umkreisen,
was sie lieben.
Alles Kreisende
kommt vom Zentrum.

Rumi

In den wirklichen Augenblicken unseres Lebens bewegt uns unser Wesenskern. Wenn das Wesen unseres Zentrums, die Essenz, in unser Erleben einfließt, dann bewegt sich das Leben auf der richtigen Bahn. Wird die Verbindung zur Essenz unterbrochen, fehlt uns etwas Entscheidendes. Ohne Essenz ist unser Leben nur Routine, doch mit Essenz ist es voller Inspiration.

Wenn wir auf unser Leben zurückblicken, gibt es nur wenige Dinge, die so schmerzhaft sind, wie Gelegenheiten zu versäumen, in denen sich unsere Essenz hätte entfalten können. Auf irgendeiner Ebene unseres Bewußtseins wissen wir, daß unsere Essenz die konzentrierteste, wesentlichste Substanz von dem ist, was wir sind. Mit ihren vielen Eigenschaften bildet die Essenz den zentralen Bestandteil und das entscheidende Element unseres Seins. A.H. Almaas hat dies in seinem Buch »Essenz« ausführlich beschrieben. Die Art und Weise, wie die Essenz in unserem Leben konkret auftaucht, ist in solchen Eigenschaften wie Liebe, Wahrheit, Klarheit, Stärke und innerer Friede sichtbar. So, wie ein Regenbogen in vielen Farben erscheint, so zeigt sich unsere Essenz in den Qualitäten von verschiedenen Eigenschaften.

Unsere Essenz ist die konzentrierteste, wesentlichste Substanz von dem, was wir sind.

In allen Kulturen wird die Essenz als wesentlicher Bestandteil der Person erkannt. Es gibt eine Vielzahl von Namen dafür wie: Wesen, Geist, höheres Selbst, wahre Natur, eigentliches Ich, Wesenskern und so weiter. Alle diese Namen weisen auf etwas Universales hin, und zwar auf das, was wir in diesem Buch Essenz nennen. Die Tatsache, daß die Essenz allgemein beachtet und benannt wird, zeigt, daß wir es mit einer grundlegenden menschlichen Eigenschaft zu tun haben.

In manchen Situationen des Lebens mag es so aussehen, als ob wir unsere Verbindung zur Essenz verloren haben – sie ist dennoch immer vorhanden. Das folgende Gedicht spricht von diesem Zustand des »Vergessens«. Es ist ebenfalls von Rumi, einem Dichter und Gelehrten, der vor etwa tausend Jahren in der Gegend des heutigen Libanon lebte. Er erinnert uns daran, daß wir nicht den Verlust von Essenz beklagen, sondern seine Präsenz in unserem Leben erkennen sollten. Mitunter ist die Essenz zwar verborgen, doch wenn wir tief genug in uns hineinschauen, können wir sie auch finden.

Ich lebte am Abgrund des Irrsinns,
wollte alles wissen.
Ich klopfte an eine Tür,
sie ging auf.
Ich hatte von innen geklopft.

Die der Essenz zugrundeliegende Energie ist wie eine starke Ausstrahlung, die von einem zentralen Kern ausgeht. Wie eine Sonne, die bei jedem von uns von innen heraus wie eine unendliche Kraftquelle strahlt. Und wie die Sonne besteht auch sie aus aktiver, lebendiger Energie. Durch diese ausfließende Energie drückt die Essenz ihre Eigenschaften wie Liebe, Mitgefühl, Klarheit, Stärke oder Friedfertigkeit aus.

Essenz ist wie eine unendliche innere Kraftquelle.

Die Essenz versorgt unser Leben durch diese ausfließende Energie und ist eng verbunden mit unseren Wünschen und unserem Verlangen. Wünsche sind Impulse, die vom Wesenskern herrühren, die uns stark bewegen können. Unsere Wünsche sind ein Weg, in der die Essenz nach außen dringt. Dieses Verständnis ist eine wichtige Grundlage bei der Arbeit mit unserer Essenz. Wenn wir unseren Wünschen und unserem Verlangen folgen und bis zu ihren innersten Quellen nachgehen, gelangen wir zur Essenz. Das Zusammenspiel von Essenz und Verlangen zu begreifen ist von elementarer Bedeutung für unsere persönliche Entwicklung, denn es führt zu mehr Kontakt mit Essenz.

➤ Deine Essenz: Damals und jetzt

Nimm dir nach jeder Frage ein wenig Zeit, um zu reflektieren, und notiere dann kurz die Antworten.

- ☐ Wann hattest du das erste Mal eine Erfahrung, die sich auf Essenz, Wesenskern, wahre Natur, höheres Selbst, Wesen usw. bezieht?
- ☐ Wann hat das erste Mal jemand mit dir über deine Essenz geredet?
- ☐ Wann hast du das erste Mal mit jemandem über deine Essenz gesprochen?
- ☐ Wie hast du dir früher deine Essenz vorgestellt?
- ☐ Was denkst du jetzt über Essenz, wie stellst du sie dir vor?
- ☐ Wie wach oder schlafend ist deine Essenz in deinem gegenwärtigen Leben?

Die Quellen des Verlangens

Urständige Kulturen, wie die nordamerikanischen Indianer, die noch eng mit dem Land, auf dem sie leben, verbunden sind, gehen davon aus, daß jeder Mensch »eine einzigartige Medizin« ist. Das heißt, daß jede Person etwas einzigartig Heilendes für sich selbst, für die anderen und für die Erde in sich trägt.

Eine Möglichkeit, um diese Medizin, diesen persönlichen Ausdruck von Essenz, zu kultivieren und hervorzubringen, besteht darin, unsere Wünsche und unser Verlangen zu pflegen. Das heißt, ihrer gewahr werden, sie zu fühlen und existieren zu lassen. Auf persönlicher Ebene bedeutet das, deine Wünsche präsent sein zu lassen, ohne sie gleich erfüllen zu müssen. Laß sie Teil deiner Gefühlswelt sein, ohne die Gegenstände des Verlangens besitzen zu müssen. Widerstehe insbesondere dem Drang, jemand anderen oder etwas anderes besitzen zu wollen, nur um dein Verlangen zu erfüllen.

Laß deine Wünsche präsent sein, ohne sie erfüllen zu müssen.

Der wesentliche Punkt besteht darin, daß wir von unserem Verlangen nicht sofort zur Handlung getrieben werden sollen. Wir sollen Verlangen in uns fühlen und zulassen. Doch anstelle von Erfüllung sollten wir zuerst das Verlangen verstehen lernen. Dadurch können wir zu einer tieferen Einsicht über die Quelle des Verlangens kommen.

Du bist, was dein tiefes, treibendes Verlangen ist.

Brihadaranyaka Upanishad IV.

Leider neigen moderne Gesellschaften, die auf einem hohen Grad von Technologie basieren, dazu, dem Verlangen und den Wünschen zu mißtrauen. Die vorherrschende Strategie im Umgang mit Wünschen und Verlangen ist, sie zu unterdrücken, zu entkräften oder umzulenken. Oft werden Verlangen und Gelüste als Beschwernis angesehen, und so scheint es notwendig, sie zu unterdrücken. Es stimmt, daß bei der Erfüllung dieser Impulse oft Schwierigkeiten entstehen. Doch sie zu unterdrükken bedeutet, sie aus dem Bewußtsein zu verdrängen und zu ermöglichen, daß sie ihr Potential im Schattenreich unserer Psyche aufbauen.

> Durch Verdrängen bringen wir unser Verlangen, Wünsche und Gelüste nur dazu, daß sie ihr Potential im Schattenreich unserer Psyche aufbauen.

Viele religiöse Traditionen raten uns, Verlangen, Wünsche und Gelüste zu überwinden oder zu vermeiden, da sie ja doch nur Leidbringer seien. Diese sogenannte »leidbringende« Funktion der Verlangen bezieht sich jedoch hauptsächlich auf Verlangen und Wünsche, die nicht nur gefühlt und erkannt, sondern auch in Handlungen ausgedrückt werden.

Es gibt aber auch einen anderen Weg, mit diesen Impulsen umzugehen. Hierbei lassen wir uns vom Verlangen innerlich erfüllen, wir spüren und erfahren es in uns, ohne es auszuleben. Somit werden wir vom Impuls des Verlangens gefüllt und berührt. Diese innere Berührung kann uns darüber hinaus ein tiefes Verständnis über das Verlangen geben. Wir suchen dabei nach der Quelle des Antriebs und den tatsächlichen, dahinterstehenden Bedürfnissen. Generell ist ja nicht der Gegenstand, der knallrote Sportwagen, das wertvolle Bild oder das neueste Modestück das tatsächliche Objekt unserer Wünsche. Sie sind lediglich Symbol für etwas, das tief in uns nach Ausdruck sucht. Natürlich ist es nichts Verwerfliches, sich den besten und neuesten Wagen zu wünschen. Der Wunsch muß nur aus der richtigen Perspektive gesehen werden. Daher besteht das Problem nicht im Impuls, sondern im gedankenlosen Umgang mit ihm.

> Am Anfang gab es Verlangen, das war der erste Same von Geist und Verstand.
>
> *Die Hymne der Schöpfung, Rig Veda*

Weshalb also nicht zuerst die Klarheit des Bewußtseins zum Impuls bringen und erkunden, wie unsere Essenz versucht, sich durch ihn auszudrücken? Zuerst müssen wir wissen, womit wir es zu tun haben, um gezielt damit umgehen zu können. Leider lernen die meisten von uns nicht, mit Gelüsten, Verlangen und Wünschen auf diese Weise umzugehen.

Wir suchen nach der Urquelle der Impulse und den tatsächlichen Bedürfnissen, die dahinterstehen.

Wenn dein Verlangen nicht klar oder stark ist, kann es nicht Form annehmen.

Sri Nisargadatta

Wenn wir unsere Wunschträume zulassen, werden sie plötzlich weniger zwanghaft und erdrückend. Impulse wandeln sich, wenn sie ans Tageslicht kommen, sie wirken dann nicht mehr so düster und bedrohlich. Wenn wir uns mit einem Verlangen von innen her befassen, müssen wir nicht sofort nach außen rennen, um es zu befriedigen. Die Energie, die unserem Verlangen zugrunde liegt, ist eine lebendige und lebenswichtige Energie. Sie kann uns erfüllen und beleben, wenn wir sie direkt erfahren. Das spezifische Verlangen eines Impulses ist eigentlich fast Nebensache. Es ist wichtig, unsere Impulse in uns zu spüren, sie zu beobachten, voll zu fühlen, zu schmecken, anzuhören und zu berühren. Auf diese Weise können unsere Wünsche und Verlangen eine echte Brücke zu unserer Essenz werden.

➤ Essenz vorstellen: Eine Übung mit Imagination, Zeichnen und Schreiben

Nimm dir ein wenig Zeit, und lege etwas zum Zeichnen und Schreiben bereit.

- ☐ Stelle dir deine Essenz vor. Wie sieht deine Essenz aus, wie schmeckt, klingt oder bewegt sie sich?
- ☐ Auch wenn du keine Vorstellung davon hast, versuche, sie zu erahnen oder dir einfach deine bestmögliche Vorstellung zu machen.
- ☐ Nimm dir ein wenig Zeit zu spüren, wie du dir die Formen und Qualitäten deiner Essenz vorstellst.
- ☐ Als nächstes zeichne, wie du dir deine Essenz vorstellst. Welche Form, Farbe, Größe usw. hat sie?
- ☐ Reflektiere: »Wenn meine Essenz mich bewegen würde, wozu würde sie mich jetzt bewegen?«
- ☐ Schreibe die Dinge auf, die du tun würdest, wenn du von Essenz bewegt bist.
- ☐ Schau dir zum Schluß alles an, was du produziert hast, und reflektiere darüber.

Wenn wir unserem Verlangen erlauben, sich zu zeigen, gegenwärtig zu sein, empfunden zu werden, bringen wir Essenz hervor. In Impulse hineinzuspüren hilft uns erkennen, welche Qualität der Essenz versucht, sich in diesem Impuls auszudrücken. Durch dieses Verständnis bringen wir mehr Menschlichkeit zur Essenz und größeres Bewußtsein zum Verlangen, der Lust oder dem Wunsch. Vielleicht gelingt es uns sogar, Verlangen einfach als Teil unseres Menschseins anzunehmen, statt es zu verdrängen. Solch eine Akzeptanz ist uns allen vielleicht nicht angeboren, doch sie ist erlernbar.

Um diese Form der Akzeptanz ging es auch einem Mann, der seinen Blumengarten neu gepflanzt hatte. Trotz aller Anstrengungen und beständigen Jätens wurde der Garten immer wieder von Löwenzahn überwuchert. Er las alle möglichen Bücher, ließ sich in Gartengeschäften beraten und versuchte viele Rezepturen, doch nichts half. Schließlich ging er zur besten Gartenexpertin der Stadt. Nachdem er ihr das Problem und alle fruchtlosen Anstrengungen geschildert hatte, schwieg sie eine Weile, bevor sie ihm sagte: »Ich schlage vor, Sie lernen, den Löwenzahn zu lieben.«

Laß deine Wünsche zu, denn sicher bekommst du zumindest einen Teil von dem, was du willst.

Yvonne Agazarian

Vielleicht gelingt es uns, unser Verlangen als Teil unseres Menschseins anzunehmen, statt es zu verdrängen.

Die Wiedererweckung der Essenz

Die Liste all unserer Wünsche, Verlangen und Bedürfnisse ist unendlich lang. Ganz gleich, wie unterschiedlich sie scheinen, ob es um Macht, Liebe, Geld, Sex oder Friede und Idylle geht – sie alle haben ein zugrundeliegendes unerforschtes Motiv. Um unsere Essenz besser zu verstehen, ist es wichtig, diese Motive, Gefühle und Energien zu erkunden.

Zur Illustration ein Beispiel aus meiner Therapiepraxis: Patricia hatte ein starkes Verlangen danach, unabhängig zu werden. Sowohl in ihrem beruflichen wie in ihrem persönlichen Leben arbeitete sie energisch daran, dieses Ziel zu erreichen. Einen bestimmten Grad von finanzieller Unabhängigkeit hatte sie bereits umgesetzt, doch in ihren persönlichen Beziehungen erlebte sie noch immer viele Höhen und Tiefen. Je mehr wir uns mit diesem Selbständigkeitsdrang befaßten, um so klarer wurde ihr, daß es ihr eigentlich nicht darum ging, dieses Verlangen zu erfüllen. Es ging vielmehr um ein ihr noch unbewußtes Bedürfnis, das auf Furcht und Schwäche basierte. Je mehr Patricia dessen gewahr wurde, um so verzweifelter schien sie. Denn bisher war für sie das Verlangen nach Unabhängigkeit eine klare und logische Angelegenheit gewesen.

Im Prozeß der Therapie begannen wir, die tiefen, verborgenen Aspekte ihres »Verlangens« aufzudecken. Als wir die Überlegungen, Empfindungen, Gefühle und Erinnerungen erforschten, die mit dem Drang nach Unabhängigkeit verbunden waren, entdeckten wir die tieferliegende Motivation. Ich will einige Teile der Therapiesitzung beschreiben, in der Patricia begann, Anteile ihrer verlorengeglaubten Essenz wachzurufen. Indem ich ihre verschiedenen Erfahrungsebenen (wie Gedanken, Gefühle, Erinnerungen usw.) nutzte, die mit diesem Thema verknüpft waren, näherten wir uns schrittweise der Essenz. Dies schloß ihre grundlegende, unbewußte Einstellung, also ihren Kernglauben, ebenso mit ein wie ihre frühesten Gedanken über Unabhängigkeit. Wir bewegten uns darüber hinaus auch auf symbolischen und energetischen Ebenen, um zur Essenz zu kommen.

»Ich muß alles selbst tun, niemand hilft mir« war der versteckte, unbewußte Kernglaube, den sie während der Therapiesitzung entdeckte. An dieser Stelle waren wir tief im inneren Prozeß. Sie hatte alle Aufmerksamkeit nach innen gelenkt, um herauszufinden, wie ihr Körper auf diesen Satz reagierte. Als sie nachspürte, welche Körperregion am stärksten ansprach, bemerkte sie in ihrer Magengrube eine »Energiekugel«, die heftig vibrierte. Sie mußte eine ganze Weile in ihrem Körperbewußtsein bleiben, um zu erkennen, wie verspannt und verhärtet jedoch die gesamte Beckenregion war. An diesem Punkt fragte ich nach ihren frühen Erinnerungen und danach, was »die wichtigste Botschaft, der wichtigste Lernprozeß in diesem Zustand für sie war«. Sie erkannte daraufhin unmittelbar ihre Vertrautheit mit dieser Verspannung, die sie schon immer begleitet und oftmals dominiert hatte. Auch im folgenden Prozeß verließen wir uns nun erneut auf die Körperebene und das Körperbewußtsein, um zum klaren Erleben und Verstehen zu kommen.

In meinem Versuch, sie näher an die Qualitäten ihrer Essenz zu bringen, zog ich auch symbolische Bereiche in den Prozeß mit ein. Auf: »Erinnert dich das, was du jetzt erfährst, an eine Geschichte, eine Person, ein Bild, ein Symbol?«, antwortete sie sofort mit »Johanna von Orleans«. Während wir die Bedeutung dieser historischen und zugleich mystischen Gestalt untersuchten, wurde ihr klar, daß Johanna von Orleans sie daran erinnerte, für ihren eigenen Glauben einzustehen und zu kämpfen und wenn notwendig, sogar dafür zu sterben. Patricia war tief bewegt, als sie die tiefen Wurzeln ihres Kampfes nach Unabhängigkeit realisierte. Sie erkannte eine völlig neue Qualität in sich selbst. Sie war berührt von der bislang unerkannten Verbundenheit und Liebe, die sie nun zu ihren eigenen Werten verspürte.

Als ich sah, wie nahe sie ihrer Essenz kam, fragte ich: »Welche generelle Empfindung und Gefühle hast du? Welche Energie oder Qualität spürst du?« Nach einiger Zeit innerer Achtsamkeit und Nachspüren antwortete sie: »Ich bin bereit.« Diese Bereitschaft entpuppte sich im folgenden als »ein Gefühl von Ruhe und sicherer Stärke«. Es war das erste wirkliche Zeichen von Essenz.

Sobald ich mit Klienten in der Therapiesitzung einen solchen Zustand erreicht habe, helfe ich ihnen, eine Zeitlang darin zu verweilen. Wenn wir uns im Bereich der Essenz befinden, ist es wichtig, diesen Zustand klar zu erkennen und zu erleben. Während Patricia von dieser essentiellen Stärke und Ruhe berührt war, berichtete sie vom tiefen Erleben des Präsentseins und von Lebendigkeit. Darauf folgte ein Gefühl weiten Raums im Innern.

All diese Prozesse geschahen langsam und ohne Anstrengung, ohne den Versuch der Beeinflussung und ohne etwas Bestimmtes anstreben zu wollen. Ich ermutigte sie, bei der gegenwärtigen, körperlichen Erfahrung zu bleiben, während ihr Erleben sich von selbst entfaltete. An diesem Punkt leistet der Fluß der Essenz die wichtigste Arbeit. Nach meiner Erfahrung ist dies ein entscheidender Abschnitt. Hier erreicht die Psychotherapie den »Transpersonalen Bereich«, wir berühren die Essenz und die Kern-Dynamik der Person. Das ist die Ebene der Kern-Dynamik des Seins.

Ich hatte Patricia viel Zeit gegeben, die Eigenschaften der Stärke, des Gegenwärtigseins und des Raumes zu erleben und zu erfahren, bevor wir im Prozeß weitergingen. Schließlich bemühte ich mich, ihr zu helfen, das neue Wissen und die Erfahrungen aus der Tiefe zu integrieren:

Das ursprüngliche Thema der Unabhängigkeit bekam nun eine andere Bedeutung für sie. Als ich sie danach fragte, welches heilende Symbol ihr nach all dem in die Sinne käme, antwortete sie sogleich mit: »Ein großes Herz«. Durch weiteres Erforschen wurde ihr klar, was sie neu gelernt hatte, und zwar: »Ich kann vertrauen – ich bekomme Unterstützung.« Obwohl sie sich zu Beginn der Sitzung ausschließlich von ihrer Unabhängigkeit bewegt sah, kam nun etwas Neues dazu. Ein Gefühl von Unterstützung und ein Grundvertrauen begannen sich zu entwickeln. Um diese Erfahrung zu stärken, fragte ich sie nach einer Erinnerung aus ihrem Leben, bei der sie bereits diese Erfahrungen »Ich kann vertrauen – ich bekomme Unterstützung« gehabt hatte. Mein Ziel war, eine konkrete Erinnerung, die schon versteckt in Patricia lebte, aufzudecken, so daß sie uns im gegenwärtigen Augenblick helfen könnte.

Entdecken der inneren Unterstützung

Es geht also darum, eine »Erinnerung« zu finden, die so gegensätzlich ist zu dem, was Patricia als die bewußte und wirkliche Erinnerung und Lebensgeschichte ansieht, daß es eine solche andere Erinnerung eigentlich überhaupt nicht geben könnte. So stark, wie Patricia von ihrer »Ich-wurde-nicht-unterstützt-Vergangenheit« überzeugt war, hätten maßgebliche »Ich-wurde-unterstützt-Erinnerungen« kaum vorhanden sein sollen. Doch wir haben paradoxerweise ganz konkrete Erinnerungen an lange zurückliegende Situationen, die wir qualitativ nicht für möglich halten würden.
In der Therapie sind wir zwar gewohnt, vergessene, schmerzliche Situationen oder Gefühle wieder ans Licht zu bringen, doch wir gehen weniger auf die innere Suche nach konkreten Erfahrungen, die aufbauend und eventuell mit Essenz verbunden waren. Schmerzliche Erinnerungen drängen sich mitunter so in den Vordergrund, daß die stärkenden Erlebnisse in Vergessenheit geraten. Dadurch verlieren wir eine große innere Wachstumsquelle. Wenn auch, wie bei Patricia, zunächst nur Erinnerungen an »nicht unterstützt werden« da waren, gab es doch auch einige andere, teilweise sogar genau entgegengesetzte. Wir alle haben viel mehr Erfahrungen und Erinnerungen vom Leben in uns, als wir nur ahnen.
Meine Erfahrung ist, daß jeder meiner Klienten etwas Zutreffendes entdecken konnte, wenn genügend innere Achtsamkeit und Körperbewußtsein vorhanden waren. Meist sind die Erinnerungen, die wiederentdeckt werden, Verbindungen mit früheren aktiven Zuständen von Essenz, zu Zeiten der Kindheit, als die Qualitäten unserer Essenz noch nicht so verdeckt waren und sich noch spontaner ausdrücken konnten. So war es auch bei Patricia.

Sie erinnerte sich an einen bestimmten Tag in ihrer Kindheit, als sie im Gras lag und tief die Unterstützung der Erde empfand. Sowohl die Erinnerung wie das Rückbesinnen auf diese Erfahrung brachten ihr Erleichterung und eine gewisse Inspiration. Als wir zum Ende der Sitzung kamen, fühlte sich Patricia berührt von dem, was sie gelernt und erfahren hatte. Der Prozeß war für sie ein Wendepunkt geworden. Sie begann, mehr auf ihre innere Stärke und ihre Fähigkeiten zu vertrauen und den isolierten Weg zu verlassen. Sie sah ihr »Verlangen« nach Unabhängigkeit jetzt in einem völlig neuen Licht. Sie lernte ein ganz neues Spektrum kennen, das sich von gesunder Unabhängigkeit bis zu gesunder Abhängigkeit erstreckte.

Ich beschrieb diese Therapiesitzung so ausführlich, um darzustellen, wie Essenz auf eine systematische Art geweckt werden kann. Mit ihrem »Verlangen« nach Unabhängigkeit beginnend, bewegte sich Patricia durch die Schichten ihres Erlebens, die mit ihrem ursprünglichen Leitsatz »Ich muß alles selbst tun, niemand hilft mir« verbunden waren. Sie erlebte die verborgene Essenz von wahrer Stärke und den freien inneren Raum. Aus der Perspektive der Essenz zeigte sich der Grundsatz: »Ich kann vertrauen, ich bekomme Unterstützung.« Dadurch wurden wichtige Erfahrungen und Erinnerungen reaktiviert, welche die aktualisierte Wahrnehmung unterstützten. So gelang es Patricia, Eigenschaften wiederzubeleben, die mit ihrem ursprünglichen Wunsch nach Unabhängigkeit verknüpft waren. Letztlich konnte sie auf der Kraft ihrer Essenz aufbauen – und nicht auf dem Mangel an Verbindung zur Essenz.

Zu oft fehlt uns im Leben das stetige Fließen der Essenz.

Diese spezielle Form der therapeutischen Vorgehensweise bewies sich für Patricia als besonders wirksam, weil eine Qualität der Essenz wieder geweckt werden konnte. Für die meisten von uns ist es unser mangelhafter Kontakt zur Essenz, der uns zu verdeckten Zielen treibt. Das, was wir eigentlich immer suchen, uns aber im Leben meist fehlt, ist der volle Fluß der Essenz. Das heißt nicht, daß uns die Essenz abhanden gekommen ist, sondern wir haben einfach die Fähigkeit verloren, damit in Verbindung zu treten und Energie und Präsenz zu nutzen. Wenn wir aber mit dem Fluß der Essenz wieder vertrauter werden, dann wird es für uns auch leichter, in diesem Fluß zu schwimmen.

Essenz wachrufen

Das Gehirn ist eine schöne Maschine
und der Verstand ein Wunder.

Aber falls wir
die Brücke der Weisheit nie überqueren,
zum Körper hin;
welche Hoffnung
bleibt uns dann?

Dan Dolen

Bei vielen von uns verkümmert viel zuviel an Essenz.

Charles Tart

Es gibt viele Wege, Essenz wiederzuerwecken, von sehr strukturierten Methoden, wie in der zuvor beschriebenen Therapiesituation, bis zu völlig spontanen.

Ein für mich unerwartetes Erwecken der Essenz geschah durch die Worte meines früheren spirituellen Lehrers.

Damals hatte ich mehrere Jahre intensiv bei einem Yoga-Meister studiert. Ich suchte ihn öfters auf. Bei einem solchen Treffen, an dem nur einige Leute teilnahmen, sprach er mit einer Frau über ihre Lebenskonflikte. Offensichtlich hegte sie ernste Zweifel an ihrem Eigenwert und suchte nach Lösungsmöglichkeiten. Der Lehrer versuchte des öfteren, ihre Kompetenzen hervorzuheben und ihre Stärken darzustellen, vermied es jedoch konsequent, ihr einen direkten Rat zu geben. Er verfolgte anscheinend das Ziel, sie zu ihren eigenen inneren Quellen zu führen. In der etwa dreißigminütigen Unterhaltung redeten sie über verschiedenes. Als unbeteiligter Zuhörer war ich von dieser Konversation, die sich im Kreis zu drehen schien, wechselweise interessiert und gelangweilt. Irgendwann sagte er zu ihr: »Du bist ganz genau richtig, so wie du bist.« Er sagte es ohne besondere Betonung. Es war einfach ein Teil ihres Gesprächs. Doch an mir blieb dieser Satz irgendwie und unbemerkt hängen.

Eine bemerkenswerte Eigenschaft von Essenz besteht darin, daß sie fließend ist und keine Furcht kennt.

Als ich später an diesem Abend nach Hause kam, war es, als ob diese Worte in mir ein eigenes Leben bekommen hätten. Irgend etwas in mir wiederholte immer wieder den Satz: »Du bist ganz genau richtig, so wie du bist.« Es war, als ob eine Schallplatte immer die gleiche Rille spielte. Alle Müdigkeit fiel von mir ab, ich spürte mehr und mehr Energie in mir. Während der restlichen Nacht fühlte ich mich spontan verwandelt. Es war, als sei meine Essenz aktiviert worden, und ich sah die ganze Welt verändert. Ich empfand eine innere Stärke und Klarheit, wie ich sie selten so intensiv wahrgenommen hatte. Gleichzeitig erkannte ich eine tiefe Verbindung mit der Welt um mich herum. Begleitet wurde all dies von einem Gefühl der Leichtigkeit und vom Genuß des Augenblicks. Ich erinnere mich noch heute an den Moment der Veränderung in mir, weil er so einprägend war. Es schien, als sei mein Verstand tatsächlich physisch um die eigene Achse rotiert und zu einem neuen Verständnis gekommen.

Diese geänderte Wahrnehmung war eindeutig »wirklichkeitsnäher« als mein gewöhnliches Alltagsverständnis. Ich empfand diese Wahrheit sofort, ohne das Bedürfnis, sie zu erklären oder zu verstehen. Es handelte sich nicht um einen egozentrischen oder dogmatischen Zustand. Es war eine einfache und offensichtliche Einsicht, jenseits aller Zweifel. Das Erlebnis vollzog sich klar und vollkommen in sich selbst. Nach einiger Zeit verschwand der Zustand so spontan, wie er entstanden war.

Eine bemerkenswerte Eigenschaft der Essenz, die ich empfand, bestand darin, daß sie fließend und ausbreitend war und keine Furcht kannte. Scham, Schuld, Vorurteile und Furcht hemmen den Fluß der Essenz, während Leichtigkeit und Präsenz sie voranbringen.

Sich selbst zu erkennen setzt voraus, sich vollständig, selbstlos, mit voller Konzentration und voller Absorption zu erfahren.

Abraham Maslow

➤ Übung: An Essenz erinnern

Die folgende »Workshop-Übung« wurde für dieses Buch zu einer Schreibübung verändert. Das beste Ergebnis wird erzielt, wenn du dir zu jedem der folgenden sieben Übungsteile *sofort und spontan* Notizen machst.

- ☐ Reflektiere aus deiner Lebensperspektive über Essenz.
- ☐ Betrachte die Möglichkeit, daß Essenz sich durch solche Eigenschaften ausdrückt wie tiefe Klarheit, Mitgefühl, Kraft, Friedfertigkeit, Liebe und Stärke.
- ☐ Wann in deinem Leben hast du bei dir Eigenschaften erlebt, die Ausdruck von Essenz waren?
- ☐ Wie unterscheidest du, ob dies ein vorübergehendes Gefühl, ein persönliches Empfinden oder der Ausdruck einer Qualität von Essenz war?
- ☐ Was war dein klarstes Erleben von Essenz?
- ☐ Wie war deine Erfahrung?
- ☐ Bis zu welchem Grad kannst du diese Erfahrung jetzt wiederempfinden?

Die Entwicklung von Persönlichkeit und Essenz

Wenn wir auf die Welt kommen, ist unsere Essenz bereits völlig präsent. Wie bereits erwähnt, sind Kinder als Lebewesen noch sehr spontan und kümmern sich lebhaft um ihre Bedürfnisse, Wünsche und Verlangen. Worin wir als Kind fast völlig unbeholfen sind, ist gut mit der Welt und anderen Menschen umzugehen. Um dies zu lernen, entwickelt sich unsere Persönlichkeit.

Diese Persönlichkeits- oder Ich-Entwicklung ist sowohl ein Segen für uns als auch ein Fluch. Die Persönlichkeit hat eine komplexe und notwendige Struktur, die uns hilft, in der Alltagswelt zu bestehen. Wir lernen, wie man als erwachsener Mensch sowohl unabhängig als auch in wechselseitiger Verbindung mit anderen steht und lebt.

> Als ich geboren wurde, war ich so überrascht, daß ich erst einmal anderthalb Jahre nichts sagte.
>
> *Gracie Allen*

Schon früh in der Kindheit beginnt die sich entwickelnde Persönlichkeit, die Essenz zu überschatten. Und hier befinden wir uns bereits in einem Dilemma: An einem Punkt in unserer Entwicklung, meist zwischen dem dritten und fünften Lebensjahr, verändern wir unsere Primäridentifikation. Wir begehen den Fehler, unsere Persönlichkeit als unser wahrhaftes Wesen, als das, was wir sind, zu betrachten. Gewiß ist die Persönlichkeit ebenso notwendig wie der Körper. Es ist müßig, darüber zu spekulieren, wie wir ohne Persönlichkeit sein würden. Das Problem ist jedoch nicht die Persönlichkeit selbst, sondern das, was wir für unsere Identifikation heranziehen. Deshalb ist es notwendig, während unserer späteren Entwicklung die Persönlichkeit wieder in den Dienst unserer spontanen, essentiellen Natur zu stellen. Auf diese Weise werden wir reifer, und unsere beiden elementaren Tendenzen von »Tun« und »Sein« harmonisieren.

Wir begehen den Fehler, unsere Persönlichkeit als unser wahrhaftes Wesen zu sehen.

Wir beginnen unser Leben mit Phasen des Entwickelns, Wachsens, Handelns und Produzierens, die sich bis in das Erwachsenenalter hinein ständig beschleunigen. Dies sind Frühjahr und Sommer unseres Lebens, die Phasen des Tuns. Danach bewegen wir uns in den Phasen des Seins, dem Herbst und Winter unseres Lebens. Hier befassen wir uns mit Reifen, Genießen und Loslösen, schließlich sogar mit dem Loslassen vom Leben selbst. Somit ist unser Leben im Gleichgewicht mit dem Rhythmus der Natur. Sowohl unsere physische, psychologische und emotionale Natur einerseits wie auch unsere inspirierte und transpersonelle Natur werden ausgelebt und entwickelt.

Viele Methoden, die sich mit innerem Wachstum befassen, betrachten die Situation nur unvollständig. Die traditionelle Psychologie arbeitet fast ausschließlich daran, das Ich, die Persönlichkeit zu stärken. Nur selten beachtet sie unsere tiefere Wirklichkeit: die Essenz, unser Wesen und das Sein.

Ähnlich wird von den meisten spirituellen oder religiösen Methoden das Ich oft abgewertet, bis hin zur Forderung des »Ego-Tods«. Zwischen diesen beiden Polaritäten von Persönlichkeitsentwicklung oder Geistesentwicklung liegt jedoch eine unendliche Vielfalt von ganzheitlichen Methoden. Viele davon basieren auf einem gewissen Verständnis von Persönlichkeit, Körper, Essenz und ganzes Wesen, das wir auch Seele nennen, doch eine wahre Integration dieser verschiedenen Aspekte oder ihrer Interaktion wird selten erreicht. Zugunsten dieser Ansätze spricht, daß sie zumindest den Versuch machen, alle Aspekte menschlichen Erlebens mit einzuschließen.

Aus der Perspektive der Kern-Dynamik ist es besonders wichtig, sowohl unsere Essenz als auch unsere Persönlichkeit und Körper in die innere Arbeit mit einzuschließen, damit sie Seite an Seite existieren können. Es geht in erster Linie darum, unsere Mitte zu finden und das Ich zu integrieren, um von der Essenz geleitet werden zu können. Dazu müssen wir auch ausreichendes Körperbewußtsein für Atmung, Bewegung, Energiefluß und Lebendigkeit in uns fördern, um uns zu einem erfüllten Menschen zu entwickeln.

In der Psychotherapie sollte diese körperliche Dimension konsequenter beachtet werden, entweder durch Bewußtsein oder durch tatsächliche körperliche Verarbeitung. Um Körper, Geist und Verstand zu entwickeln, müssen wir all diese Aspekte beachten und in unsere Entwicklung mit einschließen.

Wie zwei goldene Vögel sitzen auf demselben Baum zwei Freunde: das Ich und das Selbst. Sie verweilen in dem gleichen Körper. Der erste ißt die süßen und sauren Früchte des Lebensbaumes, während letzterer unbeteiligt zuschaut.

Mundake Upanishad

Während wir heranwachsen, wird unsere Essenz auch noch dadurch verdrängt, daß sie von anderen Kindern und Erwachsenen nicht anerkannt, sondern verkannt wird. Ich erinnere mich zum Beispiel an das Kindheitserlebnis, eine Frau aus der Nachbarschaft nicht leiden zu können. Im Grunde hatte ich Angst vor ihr. Dennoch konnte ich den Erwachsenen keine verständlichen Gründe für meine Furcht nennen, sie aber klar fühlen und erleben. Man nahm mich nicht ernst. Statt die Klarheit meines Gefühls als Stärke und etwas Vertrauenerweckendes zu erkennen, wurde mir beigebracht, meinen Gefühlen nicht zu vertrauen und mich der Frau gegenüber gesellschaftlich »korrekt« zu verhalten.

Kräfte, die unsere Essenz überschatten, sind Barrieren und Süchte, die wir während unseres Lebens aufbauen.

Daß Essenz nicht ernst genommen wird, passiert häufig. Gewöhnlich sagen wir unseren Kindern, was sie denken sollen und was wir von ihnen erwarten.

Essentielle Klarheit kann auf diese Weise durch Gebote oder Befehle unzugänglich werden. Vielleicht ist dies verständlich, wenn man die Zwänge berücksichtigt, unter denen Eltern stehen. Doch das verlangt einen hohen Preis: Das Kind lernt mehr darüber, wie es Regeln befolgt und vor allem, wie es Erwachsenen gefällt, statt zu lernen, seinen eigenen Qualitäten zu vertrauen.
Auch wenn die Geschäftigkeit der Welt uns unsere Essenz vergessen läßt, verläßt sie uns doch nie ganz, wie das folgende Gedicht andeutet:

Ich bin nicht Ich:
Ich bin derjenige,
der neben mir geht und den Ich nicht sehe.
Der, den ich gelegentlich mal besuche
und zu anderen Zeiten vergesse.
Derjenige, der zärtlich vergibt, wenn Ich hasse.
Derjenige, der schweigt, wenn Ich rede.
Derjenige, der draußen spazierengeht,
wenn Ich drinnen bleibe.
Derjenige, der stehenbleiben wird, wenn Ich sterbe.

Juan Ramon Jimenez

Erfolg haben, gut auskommen, gut aussehen, sich in der Welt sicher fühlen – das gehört zu den Sorgen und Zielen der Persönlichkeit. Sowohl Persönlichkeit wie Essenz sind entscheidende Drehpunkte für ein erfülltes Leben. Wir brauchen beide. Doch jedesmal, wenn wir Kinder oder Erwachsene in einer Sache dirigieren wollen, um sie an irgendeine Persönlichkeitsstruktur anzupassen, stärken wir die Vorherrschaft der Persönlichkeit und schwächen die Ausdrucksmöglichkeiten der Essenz. So schaffen wir Spaltung und Zweiheit, statt Wege

Auch wenn die Geschäftigkeit der Welt
uns unsere Essenz vergessen läßt,
verläßt sie uns doch nie ganz.

zu finden, die sowohl der Persönlichkeit als auch der Essenz erlauben, in einer gesunden und harmonisch ausgewogenen Polarität zu existieren.
Andere Kräfte, die unsere Essenz überschatten, sind die Barrieren und Süchte, die wir während unseres Lebens aufbauen. Wie diese das innere Licht unserer Essenz noch mehr verdunkeln, werden wir später noch nachlesen können.

Spiegeln der Essenz

Essenz kann auch durch Mangel an Widerspiegelung gehemmt werden. Dies wissen wir aus den Studien über »Objektbeziehungen«, einem Zweig der Tiefenpsychologie. Es hat sich gezeigt, daß wir in unserer Umgebung etwas erleben und sehen müssen, es also widergespiegelt bekommen, um es selbst zu entwickeln.

Was ist der Nutzen von Wahrheit, Güte, Harmonie, Schönheit? Sie sind ihr eigenes Ziel. Sie offenbaren sich spontan, wenn Dinge allein gelassen werden, nicht beeinflußt werden, nicht vermieden, nicht erstrebt oder idealisiert, sondern nur erlebt in vollem Bewußtsein.

Sri Nisargadatta

Bekannt ist das Beispiel, daß Kinder, die in einer Familie mit einer Atmosphäre von Gewalt aufwachsen, auch später oft selbst mit ihren Partnern und Kindern gewaltsam umgehen. Auf den ersten Blick macht dies wenig Sinn. Man könnte denken, daß der erlebte Schmerz und die erfahrene Gewalt Lektion genug sein würden. Wir möchten sogar vermuten, daß eine solche Person in ihrem späteren Leben weniger Gewalt ausüben würde.
Untersuchungen haben jedoch gezeigt, daß genau das Gegenteil zutrifft. Diese Tatsache läßt sich so erklären, daß wir das lernen, was wir um uns herum erfahren. Mit anderen Worten, wenn ich sehe, wie Gewalt benutzt wird, lerne ich, Gewalt zu nutzen. Ich werde vertraut mit der Gewalt und fühle mich (vermeintlich) sicher. Ein unbewußtes Muster läßt uns lieber bei dem bleiben, was uns bekannt ist, auch wenn es mit Gewalt und Schmerz verbunden ist, bevor wir wagen, in neues, unbekanntes Territorium vorzudringen. Das Bekannte, Vertraute übt eine starke Anziehungskraft aus. Vielleicht ist es unbequem, dies so zu verstehen, doch das ist es, was tatsächlich geschieht.

Wir lernen, etwas in uns selbst zu entwickeln, wenn wir es um uns herum erfahren und sehen.

Genauso ist es, wenn wir Liebe um uns haben: Es wird wahrscheinlicher, daß Erleben und Geben von Liebe für uns dann natürlich und leicht wird. Wichtige Eigenschaften müssen uns von unserer Umgebung widergespiegelt werden. Wenn wir die verschiedenen Eigenschaften der Essenz, wie beispielsweise Friedfertigkeit, Klarheit, Stärke und Liebe gespiegelt und dargestellt erleben, wird es für uns zunehmend leichter, diese Qualitäten in uns selbst zu wecken und sie zu leben.
Die folgende Übung stellt eine Gelegenheit dar, die Essenz in einem unmittelbar empfundenen Sinn zu erforschen.

➤ Übung: Orte der Essenz im Körper

- ☐ Erinnere dich an ein Bild, ein Erleben oder an ein Gefühl, in dem du mit deiner Essenz in direkter Verbindung standest.
- ☐ Halte diese Vorstellung irgendwo in deinem Körper aufrecht, damit du sie als gegenwärtige Erfahrung erlebst. Werde dir bewußt, welcher Teil deines Körpers angesprochen wird. Beobachte, was in dir passiert. Bleibe bei dieser Erfahrung – wenn möglich, mindestens fünf Minuten. Spüre dieser Erfahrung in deinem Körper nach.
- ☐ Spüre den körperlichen Unterschied zwischen den Regionen, in denen du Essenz erlebst und nicht erlebst.
- ☐ Stell dir einmal vor, in deinem Alltagsleben zunächst aus diesen Regionen deines Körpers heraus zu handeln, und erst dann aus den anderen.

Die Kern-Dynamik

Wenn du Reichtum verlierst, verlierst du viel;
wenn du Freunde verlierst, dann verlierst du mehr;
aber wenn du deine Essenz verlierst,
dann verlierst du alles.

Spanisches Sprichwort

Traditionelle Psychotherapie hat wenig Verständnis von Essenz. Dafür besteht aber verhältnismäßig viel und genaue Kenntnis davon, wie man die Persönlichkeit umfassend entwickeln kann. Doch der nächste Schritt, die Förderung von Persönlichkeit *und* essentiellem Wesen, bekommt bisher wenig Aufmerksamkeit. Um aber die Kern-Dynamik unseres Lebens zu berühren und zu reifen, müssen all diese Ebenen für unseren inneren Wachstumsprozeß berücksichtigt werden. Schauen wir uns die Ebenen ein wenig genauer an.

Unter dem Begriff von »essentielles Wesen« verstehen wir zwei Aspekte: die auf den folgenden Seiten geschilderte Essenz als auch unser ganzes Wesen, die Seele. Und weil wir nun damit beginnen, Essenz und Seele miteinander zu benennen, wollen wir zunächst eine vorläufige Definition von Seele geben und sagen: »Seele ist all das, was wir sind.« Von diesem Standpunkt aus »haben« wir keine Seele, sondern wir »sind« Seele. Alles, was wir sind, unser ganzes Wesen, ist unsere Seele. Mehr davon später.

Aus der Perspektive der Kern-Dynamik gibt es also folgende Hauptelemente, die für den Prozeß einer tiefen und wirkungsvollen Transformation wichtig sind:

- **Verarbeitung**

Dies ist die psychologische Arbeit. Hier geht es um die emotionalen, psychologischen und psychischen Bereiche (somatisch und energetisch). Die Intention ist die Verarbeitung und Neuordnung unserer psychologischen und emotionalen Vergangenheit durch Verständnis (geistige Aspekte) und Erfahrung (emotionale, somatische und energetische Aspekte). Wir beschäftigen uns mit Mustern und Geschichten unserer Persönlichkeit und des Körpers und damit, wie wir unsere Persönlichkeitsstrukturen entwickeln und aufrechterhalten.

• **Untersuchen**
Hier geht es um die Balance zwischen Persönlichkeit, Körper, Seele und Essenz – ein intrapsychischer Prozeß, um zur inneren Wahrheit unserer Verhaltensmuster durch Untersuchung im Gespräch und im Erleben zu kommen.

• **Betrachtung und Meditation**
Diese Arbeit kann unseren inneren Raum und unsere Präsenz erweitern. Zwänge und Spannungen zwischen Persönlichkeit, Körper, Essenz und Seele werden umgewandelt, so daß die einzelnen Bereiche mehr Raum in sich und untereinander bekommen.

• **Wachrufen**
Hier geht es um das Wiedererwecken der Essenz. Ziel ist, die verschiedenen verborgenen Eigenschaften der Essenz (Klarheit, Stärke, Selbstwert, Liebe, Genuß, Friedfertigkeit, Vertrauen usw.) wachzurufen.

• **Verbinden**
Dies ist die Arbeit mit Seele und Sein. Wir beschäftigen uns damit, alle Aspekte unseres Seins miteinander in Verbindung zu bringen und die Kommunikation untereinander herzustellen. Es muß eine ausreichend große Präsenz geschaffen werden, quasi ein Gefäß, das fähig ist, all das zu umfassen, was wir sind. Auf diesem Weg können wir uns in unserem ganzen vollen Sein als funktionale Persönlichkeit entwickeln, mit körperlicher Präsenz und aktiver Essenz.

Der hauptsächliche Zweck von Meditation ist, daß uns unser inneres Leben bewußt und bekannt wird. Der Urzweck ist, die Quelle von Leben und Bewußtsein zu erreichen.

Sri Nisargadatta

Sich allein durch Lesen so etwas wie Seele, Essenz und Persönlichkeit vorzustellen ist schwierig.
In den »Workshops«, die sich auf diese Kern-Dynamik unseres Seins konzentrieren, wird durch spezielle Übungen eine genaue Erfahrung von Seele, Essenz und Persönlichkeit entwickelt. Es folgt eine Übung, die auch alleine gemacht werden kann.
Ein Hinweis: Wenn diese und die folgenden Übungen routinemäßig nur überlesen statt ausgeführt werden, läßt sich kein gutes Fundament für die restlichen, noch folgenden Bausteine aufbauen. Es ist wichtig, das Gelesene erfahrbar zu machen und dabei auch den Körper mit einbeziehen zu können.

➤ Übung: Persönlichkeit, Seele und Essenz

Nimm dir etwa eine Stunde Zeit für diese Übung. Suche einen ruhigen Platz, und lege Schreib- und Zeichenmaterial bereit.

- ☐ Schreibe auf drei separate Blätter je eines der folgenden Wörter: Persönlichkeit, Seele, Essenz.
- ☐ Schau dir diese Begriffe an, reflektiere, was sie dir bedeuten.
- ☐ Schreibe und zeichne etwas um jedes Wort herum. Nutze dabei Gedanken, Ideen, Erinnerungen, Fragen oder was immer in dir auftaucht, so daß sich auf jedem Blatt einiges an Geschriebenem und Gemaltem wiederfindet. Es ist nicht wichtig, wie oder ob das Schreiben und Malen in Bezug zueinander stehen – der kreative Akt ist die Hauptsache.
- ☐ Nimm dir einen Begriff nach dem anderen vor, und verweile bei jedem fünf bis zehn Minuten.
- ☐ Schließe deine Augen und stell dir vor, daß drei verschiedene Leute 1. deine Persönlichkeit, 2. deine Seele und 3. deine Essenz wie ein Schauspiel darstellen. Veranstalte eine Art imaginäres Spiel oder Psychodrama, und lasse diese drei Stellvertreter deines inneren Lebens miteinander Umgang pflegen. Merke dir, wie die drei Leute aufeinander wirken, was sie sagen und tun.
- ☐ Notiere knapp, nach welchen Vorstellungen und Kernglauben deine Persönlichkeit, Seele und Essenz handeln. Wodurch werden diese drei Elemente motiviert? Von welchen Leitsätzen leben sie? Was sind ihre Absichten, ihre Wahrheiten? Notiere eine kurze, zusammenfassende Aussage für jedes der drei Elemente.
- ☐ Schaue die Notizen durch und reflektiere sie.
- ☐ Wenn du bei einem Element etwas anderes ausdrücken willst, dann verändere deine Notizen. Du kannst den Text so schreiben, daß er deinem Verständnis besser gerecht wird.
- ☐ Reflektiere nun die gesamte Übung. Welches Verständnis hast du jetzt vom Sinn und Konzept deiner Persönlichkeit, Seele und Essenz?
- ☐ Kannst du die Notizen in irgendeiner Weise für dein Leben praktisch verwenden?

Eine weitere Möglichkeit, die Funktion von Persönlichkeit, Seele und Essenz in unserem Leben darzustellen, besteht darin, ihnen eine direkte Stimme zu geben. Wenn sie also sprechen könnten, würden sie sich eventuell so ausdrücken:

Die Essenz sagt:	»Ich selbst.«
Die Seele sagt:	»Ich bin.«
Die Persönlichkeit sagt:	»Ich bin es.«

Das folgende Gedicht weist auf den Umgang mit unserer Essenz hin:

Der kleine Rubin, den alle wollen,
ist auf die Straße gefallen.
Einige denken, daß er östlich von uns zu finden ist,
andere denken, er ist westlich von uns.

Einige sagen: »Er liegt unter den Felsen der Erde«,
andere sagen: »Er ist im tiefen Wasser.«

Mein Instinkt sagte mir, daß er im Innern ist,
und auch, was er wert ist.
Ich wickelte ihn sorgfältig ein
in mein Herz-Tuch.

Kabir

Eine weitere Betrachtungsweise von Essenz, Seele und Persönlichkeit ist der Vergleich mit einem Orchester.

Die Essenz ist ein Orchester, das einen Ton spielt.
Die Seele ist das Orchester, das eine Melodie spielt.
Die Persönlichkeit ist das Orchester beim Stimmen der Instrumente.

Zum Abschluß jetzt noch ein Gedicht, das uns an unsere schlummernde Essenz erinnern kann:

Schutzengel

Ich bin der Vogel,
der am Morgen gegen dein Fenster flattert,
und dein nächster Freund,
der, den du nie kennen kannst,
bin Blüten, die für die Blinden aufleuchten.

Ich bin der Gletscher, der über dem Wald so bleich leuchtet,
und die schweren Stimmen vom Turm der Kathedrale.
Der Gedanke, der dich plötzlich mitten im Tag befällt
und dich so phantastisch glücklich macht.

Ich bin derjenige, den du seit Jahren geliebt hast.
Ich gehe den ganzen Tag neben dir
und schaue dich intensiv an.
Mit meinem Mund berühre ich dein Herz,
obwohl du es gar nicht bemerkst.

Ich bin dein dritter Arm
und dein zweiter Schatten, der Weise,
den du nicht annehmen kannst
und der dich niemals vergessen wird.

Rolf Jacobson

Im folgenden Kapitel werden wir entdecken, wie sich die Essenz in unserem Leben durch Jahreszeiten ausdrückt und welche Hindernisse dabei auftauchen können.

3 Phasen, Barrieren und Süchte

Unser Leben besteht im Erlernen der Wahrheit,
daß um jeden Kreis ein weiterer gezogen werden kann;
daß es in der Natur kein Ende gibt,
sondern, daß jedes Ende ein neuer Anfang ist
und unter jeder Tiefe noch eine weitere,
tiefere Ebene liegt.

Ralph Waldo Emerson (1803-1882)

Unser Leben wird vom jahreszeitlichen Rhythmus ähnlich beeinflußt wie die Natur von den Jahreszeiten. Der Zyklus des Wandels hat verschiedene Phasen, und mit jeder sind besondere Aufgaben und Möglichkeiten verbunden. Ron Kurtz, der Begründer der Hakomi-Therapie, beschrieb ein solches zyklisches psychologisches Verhaltensmuster und nannte es den »Sensitivitäts-Kreis«. Seine bahnbrechenden Arbeiten, die zur Entwicklung der Hakomi-Methode führten, sind eines der Fundamente, auf denen mein Verständnis basiert und worauf meine eigenen Gedanken aufbauen.

Die größte Entdeckung meiner Generation ist, daß Menschen durch Änderung ihrer inneren Haltung, ihres Verstandes, in der Lage sind, die äußeren Aspekte ihres Lebens zu verändern.

William James (1842-1910)

Seit dem Kennenlernen dieses Sensitivitätskreises vor fast 20 Jahren habe ich die Muster der jahreszeitlichen Phasen vielerorts wiederentdeckt. Es läßt sich sowohl in der Vier-jahreszeitlichen-Perspektive vieler Kulturen,

beispielsweise bei den Indianern Nordamerikas, finden als auch in der Psychologie.
Wilhelm Reich, der innovative und umstrittene Psychiater und Kollege von Sigmund Freud, beschrieb eine vergleichbare »Lebensformel« für alle biologischen Funktionen. Die vier Elemente dieses sich beständig wiederholenden Musters definierte er als: Anspannung – Ladung – Entladung – Entspannung. Auch C.G. Jungs Formulierung der Kräfte von Animus und Anima basiert auf einem ähnlichen Konzept vom wechselhaften, dynamischen Fluß. Das gleiche Muster zeigt sich auch im Fluß von Yin und Yang sowie in den Jahreszeiten:
Die Anspannungs- und Aufladungsphasen sind das Frühjahr und der Sommer, in denen die nach außen fließenden Kräfte vorherrschen. Es ist die Phase des Tuns im Kreislauf des Lebens.
Die entladenden und entspannenden Phasen sind Herbst und Winter, in denen die nach innen strömenden Kräfte bestimmend sind. Es ist die Phase des Seins im Lebenskreislauf.
Diese grundlegenden Kräfte der Natur, angetrieben von der Essenz, sind in jedem von uns gegenwärtig. Die ausfließende Energie bestimmt unsere Fähigkeit, mit der Außenwelt in Kontakt zu bleiben. Die einströmende Energie bestimmt unsere Kapazität, die Welt in uns hineinzubringen, sie in Kontakt mit uns zu bringen.
Ich selbst habe in meinem Leben erlebt, wie der Vier-Phasen-Zyklus jeden Aspekt meines Tuns und meines Seins beeinflußt hat. Auf der persönlichen Ebene wurde der Kreislauf auch für mich zum Modell für Heilung, für Ganzwerden und für persönliche Entwicklung. Es ist ein praktischer Wegweiser, um bewußter und wirksamer mit jeder Situation, mit Problemen oder Ereignissen im Leben umzugehen, angefangen vom Kleinsten (wie man seinen Tisch deckt) bis zum Großen (wie man sein Leben lebt).

Der Zyklus des Wandels wird uns immer wieder in den folgenden vier Phasen begegnen:

1. Bewußtwerden (Jahreszeit der Entfaltung)
2. Herzhaftes Tun (Jahreszeit der Handlung)
3. Innere Fülle erleben (Jahreszeit des Genießens)
4. Entspannen und Seinlassen (Jahreszeit des Loslassens)

Kreislauf-Überblick

Zeit der Entfaltung

Das Potential dieser Phase ist: Klarheit, Einsicht, Differenzierung und Individualisierung.
Die Aufgaben sind:

- Besorge die Informationen, die du brauchst, um klar zu sein.
- Trenne und differenziere, was wichtig ist.
- Sammle die wichtigsten Informationen der Innen- und Außenwelt.
- Untersuche das Verwirrende, alle Widerstände, Barrieren, Süchte und jede Abwehr.
- Stelle die Informationen so zusammen, daß sie zu wirksamen Handlungen genutzt werden können.

Zeit des Handelns

Das Potential dieser Phase ist: Aufrichtigkeit, Handeln mit Herz, Entschiedenheit und Mitgefühl. Die Fähigkeit, eigene Gedanken, Taten, Herz und Verstand auf ein größeres Gebiet auszuweiten.
Die Aufgaben sind:

- Handle wirksam und zielgerichtet.
- Handle mit Herz, so daß auch die Bedürfnisse und die Menschenwürde der anderen respektiert werden.
- Handle ehrlich, direkt und wirkungsvoll.
- Nutze die Informationen, um die Handlung effektiv werden zu lassen.

Zeit des Genießens und Aufnehmens

Das Potential dieser Phase ist: die Kapazität, das tiefe Gefühlsleben, einschließlich Schmerz, Wut und Angst, wie auch Sinnlichkeit, Liebe und Nähe umfassend zu erfahren. Die relevante Kapazität, die es in dieser Phase zu entwickeln gilt, lautet: die Fähigkeit zu verschmelzen, beim Gefühl bleiben, fühlen, ohne zu leugnen oder zu unterdrücken, und zufrieden zu sein.

Die Aufgaben sind:
- Versuche, Zufriedenheit und Befriedigung aus den vollendeten Handlungen zu ziehen.
- Lerne, zu fühlen und zu spüren, ohne zu unterdrücken oder durch Ausdruck zu entladen.
- Kultiviere die Fähigkeit, Unterstützung zu erkennen und anzunehmen.
- Öffne dich dem Wachstum, der Wärme, Liebe und Zufriedenheit, die aus Beziehungen zu anderen erwächst.

Zeit des Loslassens
Das Potential dieser Phase ist: Entspannung und Kontemplation, Vollendung und Sein; die Fähigkeit zum Innehalten und Reflektieren.
Die Aufgaben sind:
- Erkenne, wenn etwas vollendet ist.
- Sei präsent ohne Ablehnung und Abwehr.
- Spüre, wenn ein Vorgang zu Ende ist, und sei bereit, loszulassen.
- Ruh dich aus, bevor du zu weiteren Handlungen übergehst.
- Lade auf, regeneriere.

Im Zusammenhang mit den jahreszeitlichen Phasen sind auch einige Untersuchungsergebnisse der Anthropologin Angeles Arrien erwähnenswert. Sie ist eine der wenigen Forscherinnen, welche die Kulturen der Welt in bezug auf Ähnlichkeiten untereinander studiert hat. Genauer gesagt, suchte sie nach den universalen Verhaltensweisen unseres Menschseins. Bei ihren Forschungen stieß sie auf vier Lebensweisheiten, die immer wieder in verschiedenen Kulturen auftauchten. Es sind dies:
- Zeig dich.
- Kümmere dich um das, was Herz und Bedeutung hat.
- Sage die Wahrheit ohne Schuld oder Scham.
- Bleibe offen für das Ergebnis.

Menschen aus den oben erwähnten Kulturen sagten übereinstimmend: Wenn man nach diesen Leitsätzen lebt, dann lebt man gut. Und es ist erstaunlich, wie nahe diese transkulturellen Lebensweisheiten mit dem Zyklus des Wandels korrespondieren.

Die folgende Lebensspirale gibt einen Überblick über die Zusammenhänge der einzelnen Elemente und Phasen. Auch die vier Hauptrichtungen sind mit eingefügt worden, da sie in vielen Kulturen von bedeutender Symbolik sind. Die Grafik zeigt den vom Zentrum ausgehenden Fluß. Die Kreise ziehen sich unter Nennung der jeweiligen Eigenschaften über die Jahreszeiten, Himmelsrichtungen und transkulturellen Lebensweisheiten bis hin zum letzten Kreis, dem Zyklus des Wandels. In diesem letzten äußeren Kreis deuten jeweils drei Begriffe an, was es heißt, 1. in dieser Phase steckenzubleiben, 2. gut damit umzugehen, und 3. ausgezeichnet damit umzugehen.

Lebensspirale

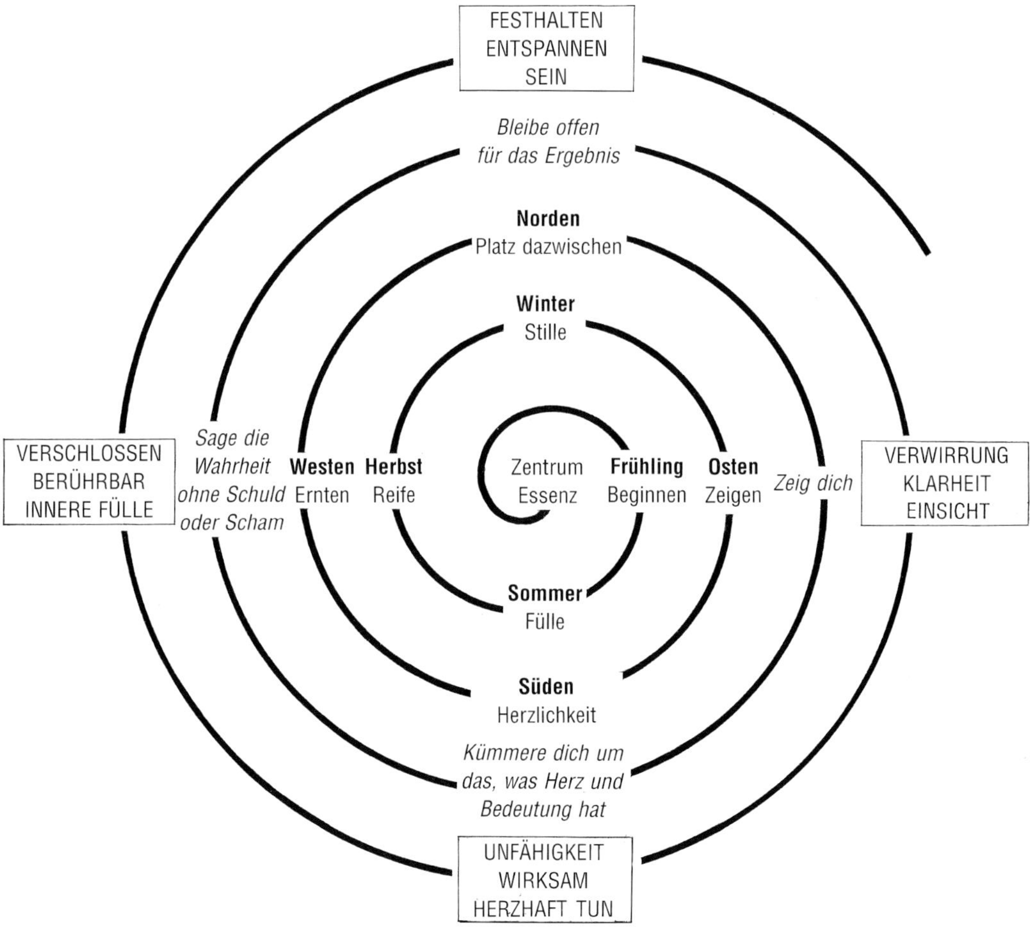

Die Hindernisse

Unsere Lebensphasen fließen mühelos, solange keine Hindernisse auftauchen. Doch immer wieder »verfahren« wir uns auf unserem Lebensweg. Es gibt Zeiten, in denen wir total steckenbleiben. Dann scheinen wir in ein Labyrinth zu geraten und sind meist zu benommen, um dies gleich zu bemerken. Wir stellen lediglich fest, daß es nicht weitergeht, keine Entwicklung gibt, sondern nur viel und immer mehr Verwirrung. Auch das sind Anzeichen dafür, daß eine Barriere oder Sucht uns den Weg versperrt. Süchte und Barrieren sind jene Hindernisse, die verhindern können, daß eine jahreszeitliche Phase ihr entsprechendes Potential entfaltet. Auf die vier wichtigsten Süchte und Barrieren werden wir in späteren Kapiteln ausführlicher zurückkommen. Zunächst jedoch wollen wir uns anschauen, wie die Barrieren uns auf einen Umweg bringen können, der nur kurz oder aber auch unendlich lang sein kann. Ein Beispiel:

Wenn wir während einer Autofahrt auf eine Umleitung treffen, reagieren wir häufig recht ärgerlich, weil wir in der Regel das tatsächliche Hindernis nicht sehen, dessentwegen wir einen Umweg machen müssen. Für unser Innenleben gilt dies ebenso. Stehen wir plötzlich wie vor einer inneren Mauer und geht es nicht weiter wie gewohnt, reagieren wir oftmals aggressiv, verhalten uns unklug, werden unbesonnen oder ziehen uns von allem zurück. Meist können wir in diesem Moment die tieferen Gründe für unser Verhalten nicht erkennen. Der tiefliegenden Verletzung, der Verwirrung oder des Schmerzes, die unser Handeln verursachen, sind wir uns meist nicht bewußt. Wir sind im Geschehen befangen. Wir reagieren auf eine innere Schranke oder Blockade, ohne uns dessen bewußt zu sein. Wir gleichen darin dem Fahrer, der sich im Gewirr der Umleitungen verfahren hat, ohne den Grund für die Umleitung selbst je zu sehen oder zu kennen. Wenn wir also Barrieren untersuchen, dann suchen wir nach den tiefen Ursachen, derentwegen der Lebensfluß in uns gebremst wurde.

Barrieren bestehen aus Wiederholungen von Gewohnheiten, die in der Vergangenheit gebildet wurden. Unsere Sensibilität, unser Bewußtsein und unser Alltagsverhalten werden von diesen Barrieren beeinträchtigt. Sie halten uns davon ab, angemessen im Leben zu agieren und hindern uns daran, Hilfe, Unterstützung oder Stärkung von anderen anzunehmen. Solche Barrieren wirken trennend und machen uns unfähig, tiefere Beziehungen einzugehen. Sie versperren uns den Zugang zu inneren Quellen, aus denen wir Kraft, Klarheit oder Liebe schöpfen könnten. Barrieren hindern uns daran, mit Würde unsere Vergangenheit hinter uns zu lassen und uns nach vorn zu bewegen. Barrieren halten uns in unserer Persönlichkeit gefangen und behindern den Kontakt zu unserem Wesen, zu unserer Essenz.

Barrieren versperren den Zugang zu unseren inneren Quellen.

Die vier wichtigsten Barrieren, die in diesem Zyklus des Wandels auftauchen, sind:

- Barriere zur Einsicht
- Barriere zur Handlung
- Barriere zur Aufnahme
- Barriere zur Vollendung

Barrieren

Die Barriere zur Einsicht blockiert die Entwicklung der sich entfaltenden Jahreszeit.

- Sie äußert sich durch Verwirrung und Mangel an Einsicht.
- Es gibt Störungen in der Fähigkeit, Informationen zu sammeln, sie richtig zu verstehen oder zu nutzen.
- Es fehlt an Klarheit, die sich äußert in: vollständigem Rückzug von der inneren und äußeren Welt, Überwältigtwerden durch Information und der Unfähigkeit, Zusammenhänge zu erkennen.

Die Barriere zur Handlung versperrt die Entwicklung der handelnden Jahreszeit. Sie äußert sich durch Behinderung von wirksamen, mit dem Herzen verbundenen Reaktionen.

- Die Fähigkeit, angemessen, herzlich und rechtzeitig zu reagieren, ist gestört.
- Diese Störung kann sich in vollständiger Unfähigkeit zu Reaktionen bis hin zu unbedachten, impulsiven Reaktionen zeigen.

Die Barriere zur Aufnahme blockiert die Entwicklung der genießenden und aufnehmenden Jahreszeit.
- Sie offenbart sich durch Sperren von Aufnahmebereitschaft und dem Erleben von Gefühlen überhaupt.
- Diese Barriere verhindert insbesondere die Erfahrung von Zufriedenheit und Stärkung.
- Angst tritt auf, daß die emotionale Stärkung wieder weggenommen werden könnte und alte, unerfüllte Bedürfnisse reaktiviert würden oder die richtige Art von Stärkung einfach nicht möglich ist.
- Die Schwierigkeit reicht von der Ablehnung von Stärkendem, weil es unpassend zu sein scheint, bis hin zur Leugnung der Notwendigkeit von Stärkung, Nähe oder Unterstützung überhaupt.

Die Barriere zur Vollendung versperrt die Entwicklung der loslassenden Jahreszeit.
- Sie äußert sich in Schwierigkeiten beim Gehenlassen und einfach »sein«.
- Die Schwierigkeit kann darin bestehen, etwas zu beenden oder loszulassen (Pläne, Beziehungen, Aufgaben usw.).
- Es kann auch schwierig sein, zu akzeptieren, um seiner selbst willen geliebt zu werden, und nicht für das, was man für andere macht.
- Die Störungen reichen vom Abbrechen aller Handlungen, bevor sie vollendet sind, bis zum Nicht-vollenden-Können, weil immer mehr Details gefunden werden oder weil die Kraft zum Beenden fehlt.

Die beschriebenen Hindernisse werden uns im Laufe unseres Lebens immer wieder begegnen. Auf zwei Arten können sie geschaffen und aktiviert werden: zum einen durch die Umwelt und zum anderen durch unsere Persönlichkeitsstruktur.
Obwohl wir jede dieser Blockaden bis zu einem gewissen Grad durchleben, gibt es doch bei uns allen ein oder zwei Barrieren, in denen wir uns häufiger verfangen. Und dies sind unsere chronischen, charakteristischen Lebensbarrieren.

Die Barrieren und Hindernisse entstanden einmal als Verteidigung gegen oder als Anpassung an Schmerz, Trennung oder Verlust. Sie wurden aufgebaut durch eine herabgesetzte Empfindsamkeit oder durch Ablenkung unserer Aufmerksamkeit von schmerzhaftem Geschehen. Dieser Schutz hat jedoch auch zur Folge, daß wir wichtige Lebenserfahrungen versäumen, weil wir uns von den eigentlich anstehenden Problemen abwenden und uns anderen, ablenkenden Beschäftigungen zuwenden. So entwickelt sich aus beständigem Abwenden von schmerzlichen oder angstbesetzten Vorgängen schließlich eine unbewußte Barriere, die unangenehme Sachverhalte verbirgt.
Barrieren fördern extreme Reaktionen – wir handeln unter ihrem Einfluß nicht mehr angemessen. Wenn wir in einer Barriere gefangen sind, reagieren wir schablonenhaft, mit eingeschränkter Perspektive und nicht aus einem schöpferischen Impuls. Statt Notwendiges zu tun, zögern wir, schieben Entscheidungen immer wieder hinaus oder handeln zu impulsiv oder unangemessen. Solche Barrieren überleben genau wie andere Persönlichkeitsmuster oft ihren ursprünglichen Zweck. Wir versäumen es, sie zu revidieren und auf den neuesten Stand unseres Lebens zu bringen.

➤ Eine Übung zur Bewußtmachung der Barrieren

Der Fluß unseres Lebens wird am häufigsten durch Barrieren behindert. Deshalb beginnen wir mit einer Übung zum Verständnis dieser Störungen.
Denke zunächst an einen persönlichen Konflikt, bei dem du den Eindruck hast, nicht weiterzukommen. Laß dir mit den folgenden Schritten Zeit.
- ☐ Wie sieht die Situation aus, in der dieses Steckenbleiben geschieht?
- ☐ Was passiert dort, wo passiert es, und ist noch jemand daran beteiligt?
- ☐ Welche Gedanken kommen dir bei dieser Schwierigkeit?
- ☐ Welche Gefühle hast du beim Steckenbleiben in dieser Situation?
- ☐ Was macht es so schwierig, weiterzukommen?
- ☐ An welcher Barriere steckst du?

Um zu entscheiden, an welcher Barriere du festsitzt, betrachte folgende Zusammenstellung:

Barrieren-Überblick

- Barriere zur Einsicht: die Schwierigkeit, zu sehen, zu verstehen oder zu wissen, um was es geht.
- Barriere zur Handlung: die Schwierigkeit, zu wirksamen, herzhaften Handlungen zu kommen.
- Barriere zur Aufnahme: die Schwierigkeit, emotional erreichbar zu sein und sich zufrieden zu fühlen. Schwierigkeit im Erkennen und Spüren von emotionaler Nähe, Wärme und Unterstützung.
- Barriere zur Vollendung: die Schwierigkeit, Situationen und Dinge loszulassen, geschehen zu lassen, zu entspannen und zu »sein«.

Welche Barriere scheint deine Hauptschwierigkeit zu sein? Falls mehr als eine Barriere relevant erscheint, was der Fall sein kann, beginne zunächst mit einer einzelnen und frage dich:

- ☐ Kommt dir die Barriere bekannt vor?
- ☐ Warum steckst du hier öfters fest?
- ☐ Wie reagiert dein Körper auf diese Barriere?
- ☐ Was müßte *in dir* geschehen, damit dieses Verhalten verändert werden kann?
- ☐ Wie könntest du dich von dieser Barriere lösen?
- ☐ Was wäre anders, wenn diese Veränderung stattfände?
- ☐ Was würde sich in deinem Leben ändern, wenn es von dieser Barriere nicht mehr beeinträchtigt würde?

Das Entdecken und Umwandeln dieser Barrieren erfordert unser ständiges Bewußtsein. Vielfach führt dieses Bewußtsein uns dazu, zu sehen, daß die Barrieren, die wir im Leben von anderen bemerkt haben, tatsächlich eine Widerspiegelung unserer eigenen Barrieren sind. Gewöhnlich sehen wir etwas sehr gut in anderen, weil es uns selbst von innen her so vertraut ist.
Hermann Hesse schrieb einen kurzen Text, den er »Innen wie außen« nannte. Er eignet sich gut, unsere Wahrnehmungen immer wieder auf uns selbst zu lenken und unser Leben zu reflektieren:

Die Dinge, die wir sehen, sind dieselben Dinge, die in uns sind.
Es gibt keine andere Wirklichkeit als die, die wir in uns haben.
Darum leben die meisten Menschen so unwirklich,
weil sie die Bilder außerhalb für das Wirkliche halten und
ihre eigene Welt in sich gar nicht zu Worte kommen lassen.
Man kann glücklich dabei sein.
Aber wenn man einmal das andere weiß,
dann hat man die Wahl nicht mehr, den Weg der meisten zu gehen.

Süchte

Wenn das Ego nicht in unserer eigenen Gewalt ist,
werden wir von anderem besessen.
Genau das passiert bei jeder Sucht, wir werden besessen,
und das Ego ist nicht stark genug, dies zu verhindern,
auch wenn wir uns selbst dabei vernichten.

Marion Woodman

Barrieren sind die eine Seite der Münze, Süchte die andere. Sucht ist gewohnheitsmäßiges Verhalten, das die Verbindung zu seinem Ursprung verloren hat. Darüber hinaus zeigt sich Sucht in dem aktiven Versuch, durch die Erzeugung von starken Oberflächenimpulsen die Wahrnehmung von Tieferliegendem zu verhindern. Wenn wir nach Essen, Getränken, Drogen, Sex und so weiter süchtig sind, erhalten wir von dem, was uns süchtig macht, keine wirkliche Nahrung oder Befriedigung. Es gibt also kein Ende für unser Bedürfnis nach dem Gegenstand des Verlangens. Denn das Problem liegt darin, daß wir mit der eigentlichen Quelle unserer Wünsche nicht verbunden sind.

Sucht ist gewohnheitsmäßiges Verhalten, das die Verbindung zu seinem Ursprung verloren hat.

Sucht kann auf zweierlei Arten definiert werden. Die eine besagt, daß das Verhalten der Sucht nicht mit seiner Quelle verbunden ist. Aus dieser Sicht ist die Sucht das Problem einer falschen Ebene. Die Zufriedenheit wird auf einer oberflächlichen Ebene erzielt, beispielsweise im Sich-wohl-Fühlen durch Alkohol oder Drogen. In Wirklichkeit wird jedoch eine Zufriedenheit auf einer tieferen Ebene gewünscht. Dem wirklichen Verlangen geht es nicht einfach um ein oberflächliches Gefühl, sondern um den Wunsch nach wirklicher Stärke, Selbstvertrauen, Liebe und so fort. Darum ist, wie anfänglich erwähnt, solche Sucht unendlich. Wirkliche Zufriedenheit wird unmöglich. Wir verwechseln die oberflächliche Ebene, wie beispielsweise die physische Befriedigung durch Sex, mit dem tieferliegenden Verlangen nach Vertrautheit und Nähe.
Die zweite Art von Sucht beinhaltet die Tatsache, daß kurzfristige Lösungen für langfristige Probleme benutzt werden. Statt zuzuhören, was tief in uns ansteht, suchen wir einen schnellen Weg. Dies ist wie der Versuch, rasch irgend etwas zu essen zu bekommen, weil wir Hunger verspüren, statt sich einen Augenblick Zeit zu nehmen, um herauszufinden, was wirklich nahrhaft für uns sein würde. Das Grundmuster von Süchten zeigt sich darin, daß sie uns in endlosen Schleifen bewegen, ohne uns wirklich zu befriedigen. Um eine Sucht zu überwinden, müssen wir ihr klar gegenüberstehen können. Wir müssen die tiefere Leere anerkennen, die selbst dann bleibt, wenn die Sucht momentan befriedigt wurde. Der Punkt ist genau der, daß das Verlangen nicht wirklich erfüllt wurde, sondern nur für den Moment zufriedengestellt ist.
Wahre Zufriedenheit und ein angenehmes Gefühl von Fülle sind immer abwesend, solange wir im Griff einer Sucht sind. Was jede Sucht grundsätzlich definiert, ist die Tatsache, daß das wahre Wollen nie wirklich erreicht wird. Zuerst muß eine echte Verbindung zu diesem Verlangen wiederhergestellt werden, und erst dann ist es möglich, es in zwangloser und nährender Weise zu erfüllen. Ein elementares Mißverständnis der Sucht besteht in der Illusion, sie von außen erfüllen zu können. Die wahre Erfüllung kommt erst dann, wenn wir aufspüren, welche innere Leere wir auffüllen wollen und herausfinden, wie wir diese Leere von innen heraus, in uns selbst ausfüllen können.
Unsere Süchte wirklich einzugestehen ist schwer. Wir bewegen uns meist innerhalb geistiger und emotionaler Muster, die für uns unsichtbar sind. Wir sind dabei weder Opfer noch Täter, sondern im Griff von Gewalten, die wir nicht beherrschen. Solange uns unsere persönlichen Muster und Glaubenssätze nicht bewußt sind, befinden wir uns in der Gefahr, von ihnen beherrscht zu

werden. Die Komplexität dieser Kräfte zu erkennen, hilft uns im Umgang mit ihnen.
Die schon zuvor erwähnte Anthropologin Angeles Arrien hat auch das Thema der Süchte von einem multikulturellen Standpunkt aus untersucht. Sie hat beschrieben, daß Menschen in allen von ihr untersuchten Kulturen zu den vier folgenden Süchten neigen:

- Die Sucht der Fehlersuche.
- Die Sucht nach Intensität.
- Die Sucht nach Wissen.
- Die Sucht nach Perfektion.

Bei Sucht herrschen die Bedürfnisse der Persönlichkeit vor, die in der Regel den Kontakt zu den Eigenschaften der Essenz verloren hat und die tiefe Leere spürt. Aus der Situation von Trennung und Leere heraus handelt das Ego meist gewohnheitsmäßig und oft auch süchtig.
Zum Ende dieses Kapitels folgt eine Grafik, die zeigt, in welchem Bezug Phasen, Barrieren und Süchte zueinander stehen. Diese Beziehungen sollen in den folgenden Kapiteln ausführlicher geschildert werden.
Eine Bemerkung vorweg: Phasen und Barrieren haben einen festen und klaren Bezug zueinander, bei den Süchten jedoch läßt sich dies nicht eindeutig zuordnen. Deshalb sind für die Grafik die Süchte nicht fest in den Kreislauf eingebaut, um mehr Flexibilität anzudeuten. Es gibt zwar auch bei den Süchten wiederkehrende Tendenzen, aber es bleibt offen, bei welcher Phase sie letztendlich auftreten.

Phasen, Barrieren und Süchte

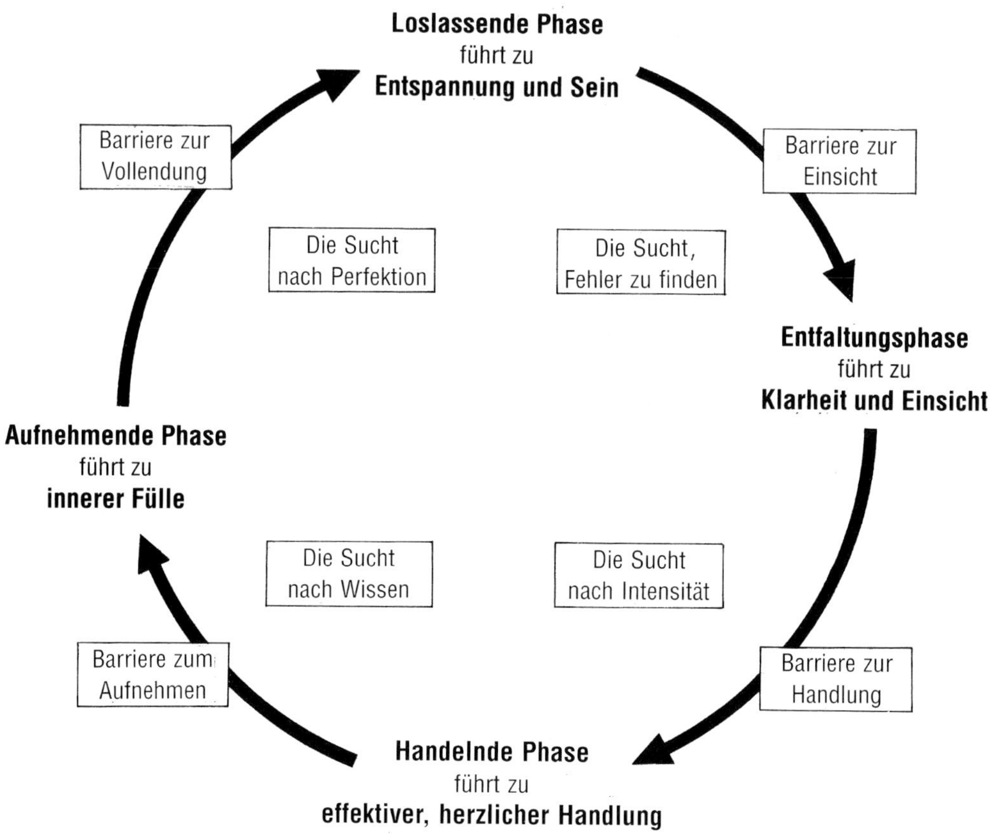

4 Die Jahreszeit der Entfaltung

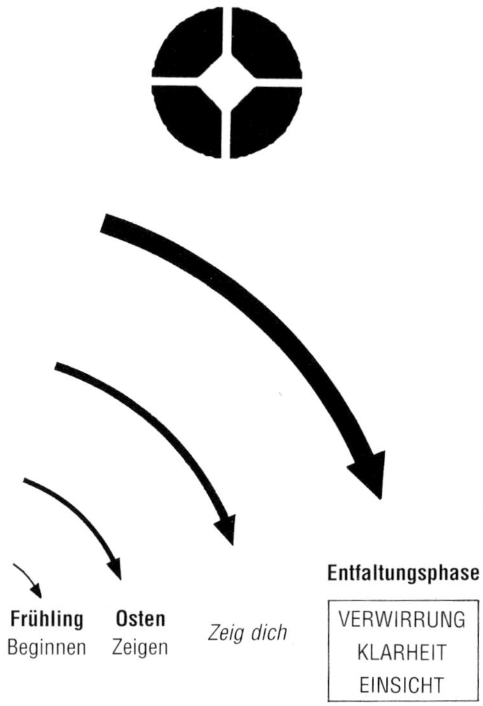

Beginn und Klarheit

Unser Leben ist voller Anfänge. Jedes Beginnen braucht einen gewissen Grad von Klarheit, denn es ist die erste Bewegung auf ein Ziel hin. Wenn wir Anfänge im allgemeinen anschauen, sehen wir, daß sie einem speziellen Muster folgen. Da dieses Schema auch in ganz alltäglichen Aufgaben zu erkennen ist, will ich mit solch einem Beispiel beginnen:

Seit Wochen lag ein Brief auf meinem Schreibtisch, den mir ein alter Freund geschickt hatte. Er war unzufrieden mit mir und forderte mehr Zeit von mir, als ich ihm geben konnte. Doch ich wollte auch unsere Freundschaft nicht zu sehr gefährden. Ich verschob die Antwort immer wieder. Jedesmal, wenn ich am Schreibtisch saß, spürte ich die Bürde der ausstehenden Antwort. Ich versuchte zwar, nicht an den Brief zu denken, doch er lauerte beständig am Rande meiner Wahrnehmungen, und es gab keine Möglichkeit, ihn völlig zu vergessen. In dieser Situation hätte ich Einsicht gebraucht, doch sie lag für mich in unerreichbare Ferne. Nachdem ich endlich realisiert hatte, daß ich keine Lösung fand, konnte ich schließlich einen Antwortbrief schreiben. Es war wichtig für mich, das Problem zu akzeptieren, es nicht wegzuschieben, zu verleugnen oder zu bekämpfen. Sobald mir klarwurde, überhaupt nicht zu wissen, was ich tun sollte, fühlte ich mich befreit und konnte ohne Anstrengung antworten.

Jetzt konnte ich ausdrücken, daß ich unsere Beziehung nicht abbrechen wollte, aber auch keine Vorstellung hatte, was zu tun sei. So überwand ich die erste Hürde und wurde mir meiner Hilflosigkeit bewußt. Wir beide konnten auf diese Weise unsere Situation besser verstehen. Schließlich gelang es uns, so viel Information zu sammeln, daß wir eine für beide angemessene Form unserer Freundschaft fanden. Wie in diesem Beispiel, fängt jede Suche nach Klarheit mit mangelndem Wissen an.

Das, was wir nicht wissen: Unbewußte Unklarheit

Der erste Schritt zur Einsicht beginnt mit »unbewußter Unklarheit«. Wir versuchen, etwas zu verstehen oder zu erfahren – ohne eigentlich zu wissen, wie wenig wir wissen.

Beim Beispiel meines Briefes mußte ich zunächst den Zustand des »Nichtwissens« erkennen, um weiterzukommen. Oft ist es schwer, uns selbst oder anderen einzugestehen und zuzugeben, etwas nicht zu wissen. Doch genau dies ist der Standpunkt, den wir brauchen, damit Erkenntnis entstehen kann.

Um Klarheit zu bekommen, müssen wir uns Unbekanntem aussetzen.

Wenn ich erkannt habe, daß ich mich im unbewußten Nichtwissen befinde, dann ist es wichtig, herauszufinden, wie hoch der Grad an Informationsmangel oder Verwirrung ist. Informationsmangel heißt, daß wir über eine Sache nicht genug wissen, und es steht an, daß wir uns informieren. Verwirrung heißt, daß schon einiges an Wissen da ist, aber ungeordnet und durcheinander.

Ein praktisches Beispiel: Wenn ich ein Auto reparieren müßte, würde ich vermutlich erst einmal an einem hohen Informationsmangel leiden. Ich müßte Grundsätzliches lernen und üben, bevor es überhaupt weitergeht.

Bei einer kleineren Fahrradreparatur hingegen würde die anfängliche Verwirrung vielleicht bald einem Anfangsverstehen weichen, weil ich wenigstens etwas Erfahrung und Übung mitbringe.

Der Mangel an Information kann meist direkter angegangen werden als die Verwirrung. Der Weg aus der Verwirrung führt über das Nichtwissen. Viele Situationen bestehen auch aus einer Mischung beider Komponenten, die dann entzerrt werden müssen.

Verwirrung

Wenn es um unser Innenleben geht, haben wir es öfter mit Verwirrung zu tun, denn von unserem Inneren wissen wir meist etwas, wenn auch oft scheinbar nicht genug. Verwirrung ist eine krampfhafte Suche nach Halt und Sicherheit, die Verstand und Körper anstrengen und verkrampfen.

Nichtwissen dagegen ist ein Loslassen, ein Entspannen in die momentane Realität. Meist haben wir einiges an emotionalem Gepäck aus der Vergangenheit loszulassen, das sich auf dem Weg zur Einsicht angehäuft hat. Für das Innenleben ist es wichtig, sich zuerst um das Durcheinander aus der Vergangenheit zu kümmern. Nur so kommen wir zu einer ungehinderten Sicht auf die Gegenwart.

Wenn du vom Familienskelett nicht loskommst, kannst du es wenigstens zum Tanzen bringen.

George Bernhard Shaw (1856-1950)

Auf der Reise zur Klarheit gibt es ähnliche Einzelheiten zu beachten wie auf anderen Reisen. Auf dem Flughafen beispielsweise ist es leicht, jene Reisenden zu erkennen, die ihre Lektion noch nicht gelernt haben. Man erkennt es an der Zahl der Gepäckstücke, die sie tragen. Wer zuviel Gepäck dabei hat, ist ständig damit beschäftigt aufzupassen, abzuzählen, zu arbeiten und zu schwitzen. Der Umfang des Gepäcks macht das Abenteuer der Reise zur Last – das wissen wir auch aus unserem emotionalen Leben. Aber auch zu wenig Gepäck führt zu Komplikationen, weil uns dann das Nötigste fehlt. Erfahrene Reisende tragen nicht zuviel und nicht zuwenig mit sich. Diese Lektion mußte ich selbst mühsam lernen.

Vor einiger Zeit war ich über zwei Jahre lang sehr viel auf Reisen. Nach meiner gescheiterten Ehe wurden Auto und Haus verkauft, und ich lebte ein sehr flexibles, abenteuerliches Leben. Es war zugleich eine Zeit großer Veränderungen und großen Schmerzes. Ich hatte sehr viel von dem verloren, was für mich in meinem Leben wichtig war. Auch meine Privatpraxis gab ich auf. Ich unterrichtete und reiste nur noch. Während dieser Zeit faszinierte mich die Idee, leicht zu reisen. Ich probierte sogar, ganz ohne Gepäck unterwegs zu sein. Ich nahm nur noch vier Dinge mit: eine Zahnbürste, ein Deo, eine Kreditkarte und Bargeld. Fast hätte ich ein Buch über »Reisen ohne Gepäck« angefangen.

Im Rückblick erkannte ich, wie sehr ich ins Extrem verfallen war. Denn ich versuchte zu reisen, als ob ich keine Vergangenheit hätte, als gäbe es nichts mitzubringen. Tatsächlich wollte ich kein Gepäck aus der Vergangenheit dabei haben, es war mir zur Last geworden. Ich träumte den beliebten und vergeblichen Traum, der Vergangenheit zu entrinnen.

Weder die Flucht vor der Vergangenheit noch das Reisen ohne Gepäck funktioniert. Ähnlich ist es mit der Klarheit, bei der wir als Gepäck unsere Neugier, Präsenz und innere Empfänglichkeit brauchen. Die überflüssigen Koffer sind Vorurteile und Muster aus der Vergangenheit. Solange uns diese Voreingenommenheiten beherrschen, benutzen wir die alten Antworten, um damit neue Fragen zu beantworten. Doch dadurch verfälschen wir neue Erlebnisse zu einem Spiegelbild vergangener Situationen – wir verhüllen die Gegenwart mit der Vergangenheit. Das ist eine Tragödie, denn jede gegenwärtige Situation hat offensichtlich etwas ganz Neues in sich. Wenn wir aber auf die neue Situation nicht mit neuer Sichtweise reagieren, geht das momentane Potential verloren. Die Gegenwart, das JETZT, ist immer ganz neu und

Du weißt, wer du bist, doch du weißt nicht, wer du sein könntest.

William Shakespeare (1564-1616)

gab es noch nie zuvor. Unser Leben besteht aus wahrhaft einzigartigen Situationen.
Der Schritt aus der unbewußten Unklarheit heraus verlangt also ein gewisses Erkennen der Sachlage und ein Loslassen von Anstrengung und Erwartungen.

Bewußte Unklarheit

Bewußtes Nichtwissen ist ein produktiver Zustand, der Offenheit und emotionalen Freiraum mit sich bringt. Nur Offenheit erlaubt es, die Gedanken und Gefühle in ihrem wahren Wesen zu sehen und zu erkennen. Die Dinge unverfälscht lassen, sie offen wahrzunehmen, ist eine wichtige Voraussetzung für tiefes Verstehen. In diesem Zustand haben wir zumindest so viel Erkenntnis erreicht, daß wir sagen können: »Ich weiß nicht« oder »Ich weiß nicht, was zu tun ist.« Es ist akzeptabel, nicht zu wissen. Der Zwang, alles wissen zu wollen oder sollen, führt zu einer endlosen Suche nach einer Sicherheit, die es eigentlich doch nicht gibt.

Verwirrung wird durch die Suche nach Sicherheit getrieben, während Nichtwissen Raum zur Entfaltung schafft.

Wenn wir Klarheit erreichen wollen, müssen wir auch bereit sein, uns Zeit zu lassen. Meist ist es fruchtlos, nach schnellen Lösungen zu schielen. Damit sich unsere volle innere Intelligenz ausdrücken kann, braucht sie Zeit, sich zu entfalten. Um eine wesentlichere Einsicht aufsteigen zu lassen, die nicht nur allein vom Verstand kommt, braucht es seine Zeit.

Bewußte Klarheit

Bewußte Klarheit ist jenes Stadium, in dem wir wissen, daß wir einiges wissen und unmittelbar darauf aufbauen können. Ebenso wichtig ist es, daß wir unsere Einsichten anerkennen und aktivieren.

Die Qualität und Quantität der Einsichten kann von uns gefördert oder behindert werden. Wenn wir unsere Einsichten generell beachten, anerkennen und benutzen, dann werden wir auch mehr Einsichten haben. Natürlich trifft auch das Gegenteil zu: So, wie ein unbenutzter Muskel verkümmert, so gerät auch jede Fähigkeit in Verfall, die nicht genutzt wird. Es ist also wichtig, unsere Einsichten kennenzulernen und sie einzusetzen, denn nur so können wir sie pflegen und stärken.

Jede Blüte, die fällt, schafft wieder ein ganzes Universum des Frühlings.

Matsuo Basho

Wir wollen uns diesem Thema in der nächsten Übung ein wenig näher widmen, um feststellen zu können, wie wir tatsächlich mit unseren Einsichten umgehen und ob wir sie fördern oder behindern.

➤ Übung: Einsichten

☐ Lege Schreibmaterial bereit, und wähle einen ruhigen Ort.
☐ Entspanne dich, und schließe deine Augen lange genug, um ruhig zu werden.
☐ Denke über das Thema »Einsichten« nach:

- An welche Einsichten in deinem Leben erinnerst du dich?
- Was waren »kleine« und »große« Einsichten?
- Was sind neue und was sind lange bestehende Einsichten?
- Welchen Wert haben deine Einsichten für dich, wie ernst nimmst du sie?
- Welche Einsichten hast du in deinem Leben genutzt, und welche hast du ignoriert?
- Gibt es Einsichten, die dein Leben verändert haben?

☐ Schreibe alle Einsichten auf, über die du nachgedacht hast.
☐ Schau dir die Liste an, und unterstreiche jene Einsichten, die du umgesetzt hast.
☐ Vergleiche und suche nach Mustern, weshalb manche Einsichten genutzt wurden und andere nicht.
☐ Notiere deine Gedanken über deine Einsichten. Wie denkst du darüber und was fühlst du jetzt?

Neues in uns aufzunehmen, Einsichten anzunehmen und zu entwickeln bedeutet Veränderung, Erneuerung und Wiedergeburt unserer selbst – so, wie die Natur sich jedes Frühjahr neu erschafft.

Unbewußte Klarheit: Vom Ruf bewegt werden

Wissensklarheit und Wesensklarheit sind die zwei Ebenen der unbewußten Klarheit. Eine tiefe Wissensklarheit entsteht durch längeren Umgang mit etwas, was man wirklich gelernt, geübt und verdaut hat. Egal, ob es sich um ein paar Telefonnummern dreht oder um komplexe mathematische Formeln: Wenn sie ohne Überlegung sofort zur Verfügung stehen, dann ist das unbewußte Klarheit. Es handelt sich also um eine Art Einsicht, die so sicher ist, daß es keiner Überlegung oder Denkarbeit bedarf.

> Die Entwicklung und das Wachstum des Bewußtseins ist das zentrale Element in der Psychologie.
>
> *Ron Kurtz*

In der unbewußten Klarheit zeigt sich auch die starke Verbindung zwischen der Wissensklarheit und der Jahreszeit des Frühlings. So, wie die Natur im Frühling ein deutliches Entfalten hervorruft, kann es auch in uns geschehen. Auf dem Grund unseres Wesens besteht genug Gewißheit darüber, wer wir sind und was für uns ansteht. Es geht darum, dieses tiefe Wissen in uns aufsteigen zu lassen, so daß es sich in unserem Leben entfalten und verbreiten kann.

Die Intelligenz der Intuition

Wesensklarheit ist die Kapazität, von unserer tiefen, innerlichen und unbewußten Ebene der Erkenntnis bewegt zu werden. Es ist die Intelligenz unserer Intuition. Sie entsteht hauptsächlich durch eine Art inneren Öffnens und Sensibilität. Diese Wesensklarheit ist ein umfassenderes Thema, das wir etwas näher betrachten wollen.

Möglicherweise gab es schon Momente in deinem Leben, wo du dich gefragt hast: »Ist das alles?« Es gibt Augenblicke, in denen wir an eine größere Realität und Klarheit erinnert werden. Dann kann es sein, als ob wir aus dem Schlaf der Gewohnheiten aufwachen. Selbst wenn wir keine größere Perspektive formulieren können, wissen wir doch instinktiv, daß es sie gibt. Tief in uns kennen wir eine größere Wahrheit. So können wir eine Erfahrung dieser größeren Realität haben und dennoch nicht wissen, was wir damit anfangen sollen. Wir werden tief berührt von etwas, wollen mehr davon und wissen nicht, wie es zu erreichen wäre.

Die meisten von uns suchen in solch einer Situation nach einem Lehrer oder einer Technik, die helfen soll. Dies ist prinzipiell sinnvoll, doch dieser Weg kann unvernünftig werden, wenn wir dabei unsere innere Stimme, die alles in Gang

Die Kastanie am Brunnen blüht prächtig – ungesehen von vielen Menschen.

Matsuo Basho

setzte, vergessen. Es ist so, als ob etwas in uns sagt »wach auf«, und wir sagen »danke«, und dann suchen wir jemanden, der uns beibringt, wie man »richtig« aufwacht. Inzwischen vergessen wir, daß der Ruf von innen kam: Denn etwas in uns muß über das Aufwachen Bescheid wissen, sonst hätte es uns nicht in diese Richtung gewiesen – und dieses Etwas ist unsere Wesensklarheit.

Ich kenne dieses Muster aus meinem eigenen Leben gut – außen in der Welt nach Leitung zu suchen und dabei meine innere Quelle zu vergessen. Das heißt nicht, daß es nicht wichtig gewesen sei, die Praktiken des Yoga, der Meditation und der Psychologie zu lernen. Alle haben mir auf ihre Art geholfen und hielten mich auf dem inneren Weg. Doch ich beging den Fehler, nicht gleichzeitig tiefer zu meinen eigenen Quellen vorzudringen. Ich bekam Aufwecksignale, die mir deutlich machten, daß es auch eine andere Realität gibt, und dennoch übersah ich sie lange Zeit.

Die Wahrheit ist wichtiger als die Tatsachen.

Frank Lloyd Wright (1869-1959)

In der folgenden Schreibübung können wir unsere Aufwecksignale, die von unserer Wesensklarheit in Gang gesetzt werden, näher untersuchen. Wir können direkt mit jenem Teil in Verbindung treten, der uns aus der Tiefe bewegt.

➤ Übung: Quellen des Aufwachens

- ☐ Schreibe Augenblicke auf, in denen du in deinem Leben »aufgewacht« bist. Gehe in deinem Leben so weit zurück, wie du kannst, führe aber auch gegenwärtige Ereignisse an. Schreibe sowohl folgenschwere als auch kleine Erfahrungen auf.
- ☐ Laß dir Zeit, um deine Liste zu schreiben.
- ☐ Schau deine Notizen danach noch einmal durch.
- ☐ Denke daran, zunächst einmal tief in dir zu forschen, und vermeide zu frühe Erklärungen.
  - In welche Richtung weisen die Erfahrungen?
  - Gibt es ein gemeinsames Thema?
  - Ist es an der Zeit, daß du darauf hörst?
  - Was brauchst du jetzt noch, um entscheiden zu können, wie du dich weiterhin um dein »Aufwachen« kümmerst?

Zusammenfassend sei nochmals daran erinnert, daß in der Regel vier Phasen durchlaufen werden müssen, um zu Klarheit und Einsicht zu gelangen:
1. Unbewußte Unklarheit, 2. Bewußte Unklarheit, 3. Bewußte Klarheit und 4. Unbewußte Klarheit.

Die Sucht, Fehler zu finden

Es ist leichter, Fehler zu erkennen, als die Wahrheit zu finden,
denn ersteres liegt auf der Oberfläche und ist leicht zu sehen,
während letzteres in der Tiefe verborgen ist,
wo wenige bereit sind, danach zu suchen.

Johann Wolfgang von Goethe

Wie bereits zuvor erwähnt, ist jede der vier Süchte, die hier erläutert werden, nicht endgültig mit einer bestimmten Phase verbunden. Es bestehen zwar Tendenzen, aber keine feststehenden definitiven Muster. In diesem und den nächsten drei Kapiteln wird je eine Form der Sucht beschrieben, die in den jeweiligen Jahreszeiten besonders häufig auftritt.
In der entfaltenden Jahreszeit beispielsweise ist die Sucht zum Fehlerfinden oft aktiv, aber auch die später beschriebene Sucht nach Wissen taucht hier wiederholt auf.
Unsere Fähigkeit zur Einsicht wird vielfach durch die Sucht nach der »Fehlersuche« verstellt, die sich auf Dinge fixiert, die fehlerhaft sind. Gewöhnlich baut sich diese Sucht auf einer Basis von Kontaktstörung auf. Wenn unsere Fähigkeiten zum tiefen, echten Kontakt mit unserem inneren Selbst unterbrochen sind, verfallen wir oft in einen hektischen und oberflächlichen Aktivismus, um Kontakte nach außen herzustellen. Diese Form der Kontaktsuche steht meist auf schwachem Fundament und hat keinen anhaltenden Erfolg, denn sie gründet sich auf dem Zwiespalt bzw. der Kontaktlosigkeit zwischen Persönlichkeit und Essenz.
Unsere innere Spaltung spiegelt sich in den Menschen und Dingen um uns herum wider, ohne daß wir bemerken, daß sie von uns ausgeht. Wir sehen alles »Falsche« vergrößert und übersehen das

Die Kunst, klug zu sein, besteht darin zu wissen, was man übersehen kann.

William James

»Richtige«. Sind wir von dieser Sucht beeinflußt, so neigen wir auch dazu, andere voreilig zu verurteilen. Statt unsere eigenen Makel zu sehen, achten wir besonders auf die Fehler der anderen. Wir sehen das Durcheinander und den Zwiespalt um uns herum und erkennen nicht, daß eigentlich unsere eigene Zwiespältigkeit widergespiegelt wird, die wir nach außen projizieren. Unsere Disposition läßt uns hauptsächlich den fehlerhaften Teil der Welt sehen, der zu unserem Vorurteil paßt. Wir versperren uns selbst die Sicht auf das Ganze, wir verlieren den großen Überblick im Leben.
Wenn ich die Welt nur aus dem Blickwinkel des Nichtfunktionierenden, Fehlerhaften betrachte, dann beachte ich jene Dinge nicht, die mit meinen Erwartungen nicht übereinstimmen. Meine Wahrnehmungen sind getrübt und verhindern Klarheit. Es ist genauso, als ob ich die Welt nur noch durch getönte Gläser betrachte. Die Welt selbst wird dadurch natürlich nicht getönt, doch wie würde ich das jemals erfahren, wenn ich immer dieselben von der Sucht gefärbten Gläser trage?

Durch unseren eigenen Zwiespalt sehen wir nur den Zwiespalt um uns herum.

Unsere Fähigkeit, mit uns selbst, mit anderen Menschen und mit dem Leben im Kontakt zu sein, ist wie ein Gewebe, das alles miteinander verbindet. Ohne diese Kontaktfähigkeit geht uns der rote Faden, die Verbindung, verloren. Lediglich die wechselnden Interessen der Persönlichkeit treiben uns dann voran. Es fehlt die Verbindung zum Wesenskern. Die Persönlichkeit kann dem Fehlerhaften leicht verfallen, denn sie selbst besteht aus einem gewissen Fehler, der darin besteht, die Persönlichkeit für unser eigentliches Wesen zu halten. Die Handlungen, zu denen uns die Persönlichkeit treibt, sind meist mit viel Geschäftigkeit verbunden. Dadurch versuchen wir, die Aufmerksamkeit der anderen auf uns zu ziehen, um das gefürchtete Alleinsein, die Kontaktlosigkeit zu verhindern. Mit der Zeit baut sich auf diese Weise ein massives Hindernis auf dem Weg zu Klarheit und Einsicht auf.

Versuche nicht, die Natur zu verbessern. Versuche statt dessen, sie zu verstehen und zu schützen.

Wilhelm Reich

Unsere Essenz, das Wesen, beruht auf Ganzheit und Verbundenheit. Deshalb erleben wir, wenn wir die Welt mehr wesentlich erfahren, mehr von der Ganzheit und »Richtigkeit« der Dinge. Von dieser Position sehen wir zwar auch die Fehler, aber sie bleiben in der richtigen Relation zur Realität.
Die Sucht, Fehler zu finden, hat zwei Aspekte. Zum einen geht es um die Sucht selbst und um die zwanghafte Fehlersuche. Zum anderen wird ein unbewußtes Hindernis aufgebaut, das fast alle Aspekte des Lebens beeinflußt. Diese Sucht bewirkt folgendes:

- Ich sehe nur noch das fehlerhafte Detail, das, was nicht stimmt, nicht paßt und verkehrt ist.
- Ich sehe nicht das, was stimmig ist, funktioniert oder miteinander in guter Verbindung steht.

Die Einsichtsbarriere

Einer meiner Klienten, den ich Theo nennen will, hatte sich in der Einsichtsbarriere verfangen, als wir unsere Therapie begannen. Er war in einer Familie mit vielen Geschwistern aufgewachsen, in der es oft körperlichen und verbalen Streit gab. Er begann die Therapie, weil er merkte, daß auch er anfing, regelmäßig seine eigenen Kinder zu schlagen. Als wir mit den Sitzungen begannen, war er voller Schuldgefühle und Selbstvorwürfe. Er hatte im Grunde kein Selbstwertgefühl mehr. Einige Monate zuvor war er sehr religiös geworden, um sich »vom Bösen zu reinigen«. Doch dies half ihm wenig, und so begann er eine Therapie. Das Wichtigste, was er während unserer Arbeit zu lernen hatte, war: 1. Wut ist annehmbar, 2. zumindest einigen Menschen kann man vertrauen und 3. er selbst ist eine wertvolle Person. In diesem Prozeß lernte er sogar allmählich, das Böse in sich zu sehen und zu akzeptieren. Häufig tauchte während der Therapie diese Wahrnehmung des Bösen in seinem Innern auf.
Wir alle haben unsere im Inneren lauernden Dämonen, und diese Dämonen wirken vor allem dann, wenn wir sie ignorieren wollen. Erst wenn wir wagen, ihnen gegenüberzustehen, nehmen sie ein menschlicheres Gesicht an. Hinter jedem Dämon, dem ich begegnet bin, war immer eine menschliche Schwäche verborgen, die sich als »Böses« maskiert hatte.
Theo lernte, sich selbst und vor allem seine dunkle Seite mehr zu akzeptieren.

Unser therapeutischer Prozeß konzentrierte sich bei ihm darauf, den Sinn für Vertrauen, Sicherheit und Dazugehören aufzubauen. Und allmählich kam sein verkümmertes Bedürfnis nach Kontakt wieder zurück. Er war bereit, sich und seine Beziehungen neu zu betrachten und klarer zu sehen. Seine Beziehungen zu seiner Familie und zu sich selbst begannen sich zu entwickeln und zu verbessern. Gleichzeitig verschwanden seine Impulse, die Kinder zu schlagen.

Mit Barrieren umgehen

Wenn wir merken, daß uns eine Barriere die Einsicht in unserem Leben versperrt, sollten wir zuerst prüfen, ob der Schutz, den sie uns bisher geboten hat, noch angemessen ist. Denn eine Barriere versperrt nicht nur, sie bietet auch Schutz. Es kann soweit kommen, daß wir zwischen Sicherheit und Wahrheit wählen müssen. Wir brauchen Mut, um dem gegenüberzutreten, was in uns verborgen ist und von uns gemieden wurde. Was wir meist nicht sehen oder wissen wollen ist, daß wir viel komplizierter und widerspruchsvoller sind, als wir annehmen. Wenn wir unsere Vermeidungsmuster nicht untersuchen, kann daraus eigentlich nichts anderes als ein unbewußtes und oft süchtiges Gewohnheitsmuster werden.

Perplex sein ist der Anfang des Wissens.

Khalil Gibran

➤ Übung: Die Einsichtsbarriere untersuchen

Diese Übung kann allein durchgeführt werden oder mit Hilfe eines Partners oder einer Partnerin.
Entspanne dich, und werde innerlich achtsam, vielleicht mit geschlossenen Augen. Lasse dir dann von jemandem, dem du vertraust, die folgenden Aussagen vorlesen. Höre dir einen Satz nach dem anderen an. Achte auf deine Reaktionen, bevor du den nächsten Satz hörst. Es geht nicht um ein zügiges Durcharbeiten, sondern um das Beachten der feinen Signale, die emotional, verstandesmäßig, körperlich, sensorisch oder energetisch auftreten können.
Wenn du die Übung allein machst, dann nimm dir etwas Zeit und entspanne dich. Lies die folgenden Sätze langsam einige Male durch und achte darauf, wie du geistig, körperlich und emotional auf jeden einzelnen Satz reagierst:

- ☐ Alle deine Gefühle sind natürlich.
- ☐ Du bist es wert, gesehen und gehört zu werden.
- ☐ Es ist sicher genug hier.

- ☐ Du kannst selbst entscheiden, wann du dich zeigst.
- ☐ Es ist nicht nötig, etwas zu wissen.
- ☐ Du bist in deinem Leben am richtigen Platz.
- ☐ Es ist in Ordnung, zu fühlen.
- ☐ Du hast alle nötige Klarheit.

Beachte, welche Sätze dein Empfinden beeinflussen. Bemerke besonders die intensiveren oder distanzierten Reaktionen. Nimm dir etwas Zeit, in diese Reaktionen hineinzuspüren und festzustellen, ob sie auf eine Barriere hindeuten. Kannst du in der Vielfalt der Antworten ein Muster erkennen? Was ist dein Verhältnis zu Klarheit, Einsicht und Intuition? Um die Einsichtsbarriere besser verstehen zu können, wollen wir einige Aspekte näher betrachten:

- **Das Erleben der Barriere**

Furcht, klar zu sehen oder gesehen zu werden; Furcht vor Kontakt und Rückzug vor Kontakt; Einsamkeit; in Details verlorengehen; in Gefühlen verlorengehen; unklare Grenzen; verwirrt sein; überwältigt sein.

- **Mögliche Schwierigkeiten**

Kopfschmerzen; desorientiert sein; leicht verletzbar sein; Allergien; zu Unfällen neigen; leicht überwältigt sein; Schwierigkeiten mit Kontakt haben; gefühlsarm sein.

- **Die Barriere in Beziehungen**

Beziehungen sind schmerzhaft, schwierig und voller Konflikte, besonders auf dem Gebiet der Gefühle.

Im natürlichen Auf und Ab des menschlichen Lebens ist ein vorübergehendes Fehlen an Einsicht ein zu erwartender Zustand. Nur wenn wir zu lange daran festkleben, ist dies ein Zeichen für eine Barriere. Auch in Zeiten der Verwirrung sollten wir uns daran erinnern, daß uns sogar das Verlorensein zeigt, daß wir auf unserem Weg sind oder zumindest versuchen, unseren Weg zu finden.

Der Weg durch eine Wüste ist kein Umweg.
Wer die Öde und Leere nicht erlebt hat,
ist nicht fähig, die Fülle zu erfahren;
wer noch nie den Weg verloren hat,
weiß nicht, Wegweiser zu würdigen.

Friedrich Schwanecke

Klarheit und Neugier: Eigenschaften der Essenz

Barrieren und Süchte sind Hindernisse, die als Reaktionen auf schwierige, emotionale oder psychologische Ereignisse entstanden sind. Um solche Muster abzubauen, müssen wir die Emotionen, die damit verbunden sind, ebenso beachten wie die Perspektive, aus der das Ereignis zu sehen ist. Das ist die Aufgabe der Psychotherapie. Therapie kann uns helfen, eine angemessene Perspektive für die vergangenen Ereignisse zu finden und bewußter in der Gegenwart zu leben, um somit besser in der Zukunft zu bestehen. Doch das ist nicht genug, denn hinter jeder inneren Einschränkung verbirgt sich auch etwas Essentielles, das wiederentdeckt werden will.

Eine Barriere oder eine Sucht ist immer eine Beschränkung unserer Lebendigkeit und Spontaneität. Diese innere Einschränkung wird meist von unserem »inneren Kritiker« beeinflußt. Die wichtigste Funktion dieser inneren Kritik besteht darin, »tadelnswertes« Verhalten zu kontrollieren oder zu unterbinden, indem Schuld, Scham oder Zweifel erzeugt werden.

Die große Frage ist, sind wir fähig, ein deutliches Ja zu unserem Abenteuer zu sagen.

Joseph Campbell

Das Beispiel von Theo zeigte uns, daß er voller Schuld und Verwirrung darüber war, seine eigenen Kinder schlecht zu behandeln. Zudem hatte er große Schwierigkeiten, seinen Selbstwert zu empfinden. All dies war verbunden mit einem ganzen Spektrum von Gefühlen, darunter Angst, Scham, Hoffnung und Ärger. Diese Reaktionen hatten zwei wichtige Ergebnisse. Eines brachte ihn zum Handeln. Durch den Ansporn seiner inneren Gefühle wurde Theo motiviert, nach Veränderung zu suchen und eine Therapie zu beginnen. Deshalb ist es wichtig, diese inneren »Angriffe« auf unser Verhalten zu beachten und zu prüfen.

Hinter jeder Barriere und Sucht wartet eine natürliche Quelle von Lebendigkeit – eine Eigenschaft von Essenz.

Das zweite Resultat dieser inneren Kritik brachte Theo so weit zu glauben, er selbst sei wertlos und verachtenswert. Das Problem besteht darin, daß seine innere Kritik sowohl das Verhalten *als auch* die Person entwertet. Diese Angriffe auf das tiefste Wesen abzuwehren und zu entkräften, zählt zu den heikelsten Punkten im Selbsterfahrungsprozeß.
Wenn wir eine Barriere oder eine Sucht schwächen, stärken wir die Qualitäten von Neugierde und die Fähigkeit zur Klarheit. Im gleichen Maße, wie die Barriere abgebaut wird, kann das, was dahinter liegt, hervortreten.

Neugierde

Die Neugierde mit ihrem Erforschungstrieb ist es, die alle Forschenden und Wissenssuchenden vorantreibt. Wir brauchen sie, um lebendig und vital zu bleiben. Die dynamische Neugierde besteht aus Elementen von Forschungstrieb, Erfahrungsdurst und Wissensdrang. Wir brauchen diesen Wissensdurst, um unser Leben zu erforschen und unsere eigene, sich immer weiter entwickelnde Wahrheit zu finden. Deshalb ist die Wiederherstellung einer gesunden, offenen Wißbegierde von großer Bedeutung. Neugierde ist das spielerische Erforschen und Aussuchen von Information und eine starke Verbündete, um Klarheit herzustellen. Der Forschungstrieb ist wertvoll, weil er spontan auf Ungewisses, Neues und Unerwartetes hinlenken kann. Er will auch unsere dunklen Ecken erforschen. Jene Wißbegierde und Neugierde, die Kinder beim Spielen ausdrükken, ist Grundlage für alle späteren Lernprozesse. Wir müssen nicht erst lernen, wie man neugierig ist. Wir müssen für Neugierde nicht belohnt werden, um noch öfter neugierig zu sein. Neugierde nährt sich aus sich selbst, sie ist eine elementare menschliche Eigenschaft.
Wenn in Therapiesitzungen eine offene spontane Neugierde geweckt wird, gelingt die Erforschung des Innenlebens meist mühelos. Es ist leicht und zugleich aufregend, unseren inneren Stimmen zuzuhören, wenn wir offen und entspannt sind. Um dies zu erreichen, ist es wichtig, eine Atmosphäre von Ruhe und Gelassenheit zu fördern. Denn Druck und Sorge schränken Neugierde ein. Nur wenn sich der Forschungstrieb spontan ausdrücken kann, ist es möglich, in verborgene Winkel und Ecken vorzudringen.

Der Duft der Orchideen parfümiert die Flügel des Schmetterlings.

Matsuo Basho

➤ Ein persönliches Projekt: Neugierde

- ☐ Wie wurde in deiner Kindheit auf Neugierde reagiert?
- ☐ Wie neugierig bist du gegenwärtig?
- ☐ Wie beurteilst du deine unkontrollierte Neugierde?
- ☐ Wo läßt du deiner Neugierde freien Lauf?
- ☐ Was macht dich vor allem neugierig?
- ☐ Wo hältst du deine Neugierde am meisten zurück?
- ☐ Wie beeinflußt dich die Neugierde von anderen?

Die folgende Übersicht von Eigenschaften für die Jahreszeit der Entfaltung kann als Hinweis oder auch als Übung genutzt werden, um besondere Aspekte dieser Phase zu erschließen. Es bedarf aufmerksamer Beschäftigung und eventuell auch zusätzlicher Lektüre, um die einzelnen Elemente entschlüsseln zu können. Es empfiehlt sich, darüber nachzudenken, zu meditieren, sie in Zeichnung, Bewegung oder Tönen auszudrücken, um sie zu erfahren und zu erforschen.

Eigenschaften der Jahreszeit der Entfaltung

- Jahreszeit: Frühjahr
- Richtung: Osten
- Eigenschaft der Jahreszeit: Klarheit und Sehvermögen, Benennung und Differenzierung
- Transkulturelle Lebensweisheit: Zeig dich
- Intelligenz: Intuition; das Gefühl spüren und erleben
- Sucht: Die Fehler suchen
- Barriere zur Einsicht: Mangel an Sicherheit, elementare Körper-Geist-Trennung
- Wirkungsumfang der Barriere: Der nicht integrierte Zwiespalt von Kontakt oder Rückzug

- Glaubenssätze der Barriere: Zieh dich zurück. Es ist zu gefährlich. Schau nicht hin. Höre nicht hin. Es gibt Dinge, die man besser nicht weiß. Es gibt etwas ganz Fürchterliches in dir.
- Am besten bist du ganz still.
- Zu entwickelnde persönliche Eigenschaften: Präsent sein, Zulassen, Nichtwissen, Sicherheit
- Wachzurufende essentielle Eigenschaften: Klarheit und Neugier
- Persönliche Entwicklungsaufgabe: Individualisierung; die Kapazität, ein angemessenes Verständnis des Selbst zu entwickeln; Distanz zwischen sich selbst und anderen; Erkennen von Grenzen
- Somatische Aufgabe: Stabiles Fundament herstellen; Verbindung mit der Erde, dem Atmen und dem Körper herstellen (grounding)
- Leitende Eigenschaften: Kultivieren des Erlebens, der Präsenz und der Neugierde
- Entwicklungsziel: Autonom werden
- Lernen: Wie man anfängt; nicht zwanghaft wissen zu müssen
- Medizinrad: Erleuchtung, Weisheit, Klarheit
- Fünf-Elemente-Lehre: Holz; entstehendes Yang
- Lebensphase: Geburt und Kindheit

Nachdem wir die Funktionen von Einsicht und Klarheit kennengelernt haben, wollen wir im nächsten Kapitel den nächsten Schritt machen: von der Vision zur Handlung. Mit folgenden Fragen kannst du dich darauf vorbereiten:

Ziele nicht auf Sicherheit – dies ist die gefährlichste Sache der Welt.

Hugh Walepole

Wenn du herausfindest, daß du bald sterben müßtest und
nur noch ein Telefongespräch führen kannst,
wen würdest du anrufen,
und was würdest du sagen?
Worauf wartest du?

5 Die Jahreszeit der Handlung

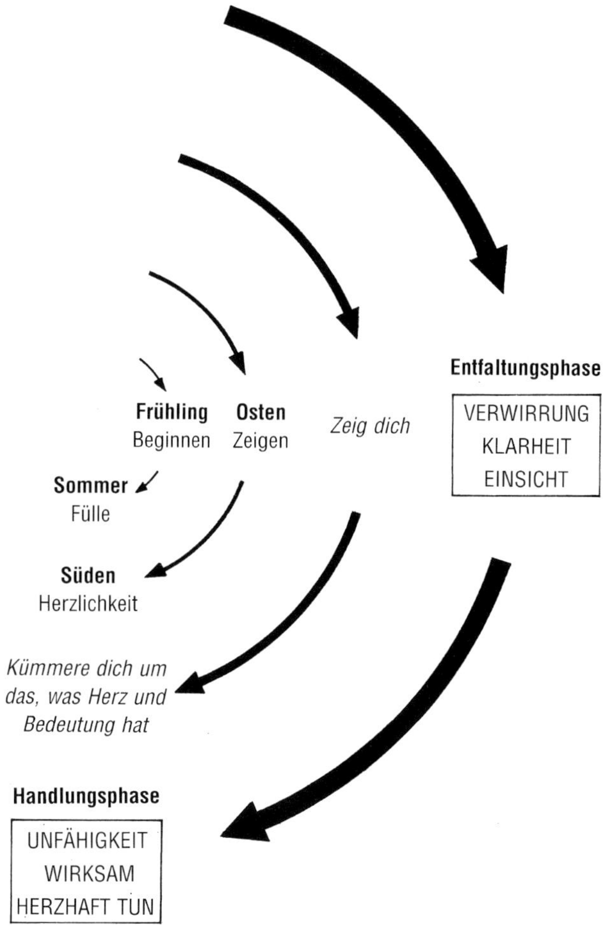

Die ausdrucksvolle Jahreszeit

So, wie uns das Frühjahr das Beginnen lehrt, so geht es bei den Lektionen des Sommers darum, aktiv zu sein und zu handeln. Der jahreszeitliche Fluß der Natur entwickelt sich vom Keimen im Frühjahr zum Ausdruck und Handeln im Sommer. Im Sommer bricht alles hervor und wächst. Die Natur erinnert uns daran, daß wir beim Handeln im Licht stehen.

Sommer ist die Jahreszeit der Jugend, der jungen Erwachsenen. Es ist unser Leben im vollen Licht. Im Glanz der Mittagssonne. Während dieser Zeit des schnellen Wachstums ist unsere Aufgabe, durch Vertrauen und Liebe zu lernen.

Im Sommer ist die Natur besonders großzügig mit Früchten, Blumen und Licht. Sie erzeugt eine Vielfalt an Farben und Formen, die zum Nehmen da sind. Die Natur blüht und gibt im Sommer mit voller Großzügigkeit.

Die Bereitschaft des Sommers, zu geben, erinnert uns daran, ein großzügiges Herz zu entwickeln. Diese Jahreszeit gibt uns Hinweise darauf, was wir tun können, um unser Herz besser zum Ausdruck kommen zu lassen.

Schmerzen können in unserem Leben ins Unermeßliche wachsen, wenn wir nicht mit unserem Herzen mitwachsen. Ohne die Fähigkeit zu geben, an andere zurückzugeben, aus Dankbarkeit heraus zu geben, werden unsere Handlungen leer und seelenlos. Sie werden wie Geschöpfe, die im Nebel verschwinden, ohne irgendwo einen Eindruck zu hinterlassen, ohne die Erde oder die Menschen zu stärken. Wenn der Sommer eine sehr aktive Periode ist, so ist er es also vor allem im Bereich des Herzens.

Alle, die in einer Kunst wirklich vortrefflich sind, haben etwas gemeinsam. Den Verstand, der Natur zu gehorchen, um eins mit der Natur zu sein, während allen vier Jahreszeiten.

Matsuo Basho

Die Lektion des Sommers ist die herzhafte Handlung.

Geben ist die Brücke, die Gefühl und Handlung verbinden. Andere Schlüsselworte dieser Jahreszeit sind: Anregung, Energie, Anstrengung, Mut, Erfindungsgabe, Begeisterung, Unbesonnenheit, Spontaneität und Eifer.

Alles fließt

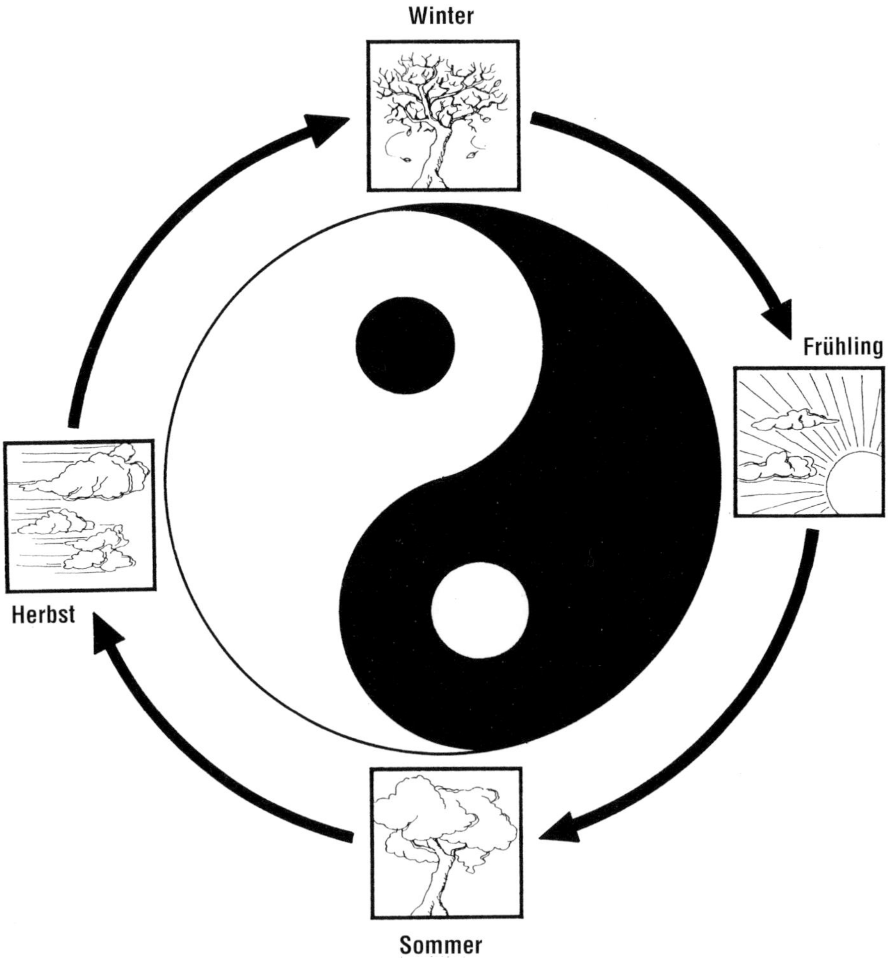

Wenn wir die Jahreszeiten aus der energetischen Perspektive betrachten, sind Frühjahr und Sommer die beiden Jahreszeiten für das Tun, während Herbst und Winter die Jahreszeiten für das Sein darstellen. All dies ist der ewig fließende Puls der Lebensenergie. Der Fluß dieser energetischen Eigenschaften entscheidet über das Wesen der Jahreszeiten, über unser eigenes Leben und formt den Zyklus des Wandels.

Vom Sehen zum Handeln

Besteht Klarheit, dann kann auch eine angemessene Handlung folgen. Ich erinnere mich an eine Situation, die mir das wieder einmal verdeutlichte:
Seit Tagen verspürte ich eine innere Unruhe. Etwas ging in mir vor, aber ich hatte keine Idee, um was es sich handeln könnte. Von den Phasen des Zyklus wußte ich, daß ich zuallererst nach Klarheit zu suchen hatte. Ich nahm mir also Zeit, herauszufinden, um was es ging: Zunächst stellte ich innere Ruhe her. Ich schloß meine Augen und atmete tief ein und aus, um zu entspannen. In entspannter Haltung ist es leichter, zur Klarheit zu kommen. Danach spürte ich in meinen Körper hinein. Im Rumpf, etwas unterhalb der Brust, bemerkte ich eine gewisse Unruhe. Nachdem meine Aufmerksamkeit einige Zeit bei dieser Stelle blieb, zeigte sie sich als kugelförmiges Gebilde unter meiner Haut, etwa im Umfang einer Orange. Als ich an dieser Stelle länger verweilte, verstärkte sich die Unruhe. Zugleich begann sie, sich zu verändern.

Wenn etwas beim erstenmal nicht klappt, versuche es noch einmal und noch einmal. Dann gib auf. Es nützt nichts, sich wie ein Narr zu verhalten.

W.C. Fields

Bevor ich diesen Vorgang weiter beschreibe, möchte ich eine Anmerkung machen: Bei dem von mir beschriebenen Prozeß handelt es sich um das, was ich »eine Unterhaltung mit meinem Körper« nenne. Dabei nutze ich Intuition, Neugierde, Forschen und Körperbewußtsein, um mehr Klarheit über etwas zu erhalten, das zu Beginn sehr vage ist. Ziel ist es, besser zu erfahren und zu verstehen, was mit mir und meinem Körper geschieht. Dieser Prozeß nahm nun den folgenden Verlauf:
Die Unzufriedenheit begann allmählich den Charakter einer Tonalität, eines Klanggefüges anzunehmen. Es dauerte einige Zeit, bis dieser Ton klarer wurde. Und nach und nach wurde für mich offenbar, daß Unruhe und Unbehagen in mir aus einem Gefühl von Einsamkeit entstanden waren. Sobald ich die Einsamkeit registrierte und akzeptierte, wurde ich mit Bildern aus meinem aktuellen Leben überschwemmt.
Ich erkannte, wie sehr ich mich in den vergangenen Wochen von allen wichtigen Beziehungen abgeschnitten hatte. Die Unzufriedenheit war der Notruf meines Herzens nach mehr Nähe, Zärtlichkeit und Verbindlichkeit. Ohne es zu merken, hatte ich mich viel mehr isoliert, als mir bewußt war. Ich sehnte mich nach Nähe.

Wären meine Gefühle von Einsamkeit und Isolation unerforscht geblieben, hätten sie zu Reizbarkeit, Frustration, Verstocktheit und Ärger führen können, denn auch das kenne ich gut. Durch die offene Selbstreflexion konnte ich den Hunger nach Nähe erkennen. Nachdem ich diese Klarheit gewonnen hatte, wurde der nächste Schritt möglich, und er war verhältnismäßig leicht zu vollziehen. Ich erzählte meiner Partnerin von meiner Einsamkeit, und wir begannen, unsere Liebe und Verbundenheit stärker in den Vordergrund zu rücken. Ich sprach auch mit einigen guten Freunden. Und ich ging oft am Strand spazieren, um meine Verbindung zur Natur zu vertiefen und die Schönheit des Landes und des Ozeans wiederzuerleben. Indem ich das wohltuende Gefühl der Zusammengehörigkeit erlebte, das die vorangegangene Isolation ersetzte, konnte ich auch empfinden, wie sich mein ganzes Wesen entspannte und gegenwärtiger war.

Bei dem geschilderten Prozeß war ich zunächst von einem unbestimmten Unbehagen zu einem erweiterten Bewußtsein und dann zu einer erlebten Erfüllung gekommen. Ich hatte dies durch selbstreflektierende Erforschung erreicht, indem ich mich am Zyklus des Wandels orientierte. Der Schritt von Klarheit zum Handeln hatte die gewünschten Ergebnisse gezeitigt.

Die beste Therapie, ebenso wie die beste Meditation, nutzt das Bewußtsein, um das Herz zu heilen.

Jack Kornfield

Ein direkter Weg, die Wirksamkeit einer Handlung zu beurteilen, besteht in der Übereinstimmung von Absicht und Erfüllung. Produziert die Handlung das angestrebte Ergebnis? Als der Dichter und Philosoph Rumi vor siebenhundert Jahren den Satz schrieb: »Laß die Schönheit, die du liebst, das sein, was du tust«, gab er uns die perfekte Beschreibung dessen, wie man von der entfaltenden zur handelnden Jahreszeit kommt. Er will uns daran erinnern, die Schönheit all dessen, was uns tief berührt, durch Handlungen lebendig werden zu lassen. Diese Inspiration können wir zur Wirklichkeit werden lassen, indem wir sie in Handlung ausdrücken, die aus dem Herzen kommt.

Laß die Schönheit, die du liebst, das sein, was du tust.

Die Sucht nach Intensität

Für Werbung werden gigantische Geldsummen ausgegeben, nur um unsere Sucht nach Intensität zu füttern. Unser Verlangen nach Lebendigkeit wird durch eine unendliche Zahl von Angeboten und Verführungen ausgenutzt oder in Aufregung versetzt. Diesen Verführungen von außen verfallen wir deshalb so leicht, weil wir von unseren inneren Quellen der Lebendigkeit abgeschnitten sind. Ein Teil in uns weiß, daß die Lebendigkeit, die wir außen suchen, in Wirklichkeit in uns selbst existiert. Deshalb wird uns auf Dauer eine äußerlich erzeugte Verführung niemals befriedigen.

Sommer in der Welt –
auf Wellen im See
schwimmen.

Matsuo Basho

Statt einer herzhaften Handlung erleben wir nur impulsive Leidenschaft, die ohne wirkliches Mitgefühl ist. Der Wunsch nach Intensität und Impulsivität ist der Versuch, die Fülle des Lebens zu spüren – ein tiefes Verlangen nach Lebendigkeit. Zur Sucht wird dieser Wunsch, weil die Lebendigkeit nicht wirklich mit Beständigkeit gefühlt werden kann und deshalb ständig wiederholt werden muß. Ein volles, intensives Gefühlsleben bleibt daher eine Illusion, denn wirkliche Tiefe wird durch Intensität allein nicht erreicht.

Intensität erzeugt in der Regel nur den Wunsch nach mehr Intensität. Dieses Gefühl wurde von einem französischen Studenten ausgedrückt, der während der Studentenrevolution 1969 auf eine Wand schrieb: »Je mehr Revolution ich mache, um so mehr Revolution will ich machen. Je mehr Sex ich habe, um so mehr Sex will ich haben.« Diese Sucht nach Intensität ist oft auch Anlaß für den Untergang von mächtigen Personen des öffentlichen Lebens geworden. Viele Politiker sind wegen des Mißbrauchs von Macht oder auch wegen ihrer sexuellen Eskapaden aus der Öffentlichkeit verschwunden. Sex und Macht machen besonders süchtig, da sie die Intensität und Erfüllung vorgaukeln. Angeblich war es Henry Kissinger, der erklärte: »Macht ist das optimale Aphrodisiakum.«

Die Sucht nach Intensität ist der Versuch, die Fülle des Lebens zu erfahren.

Diese Sucht nach Intensität, die sowohl in der Jahreszeit der Entfaltung als auch in der im folgenden beschriebenen Jahreszeit des Aufnehmens auftritt, ist die Schattenseite der Liebe. Oft fehlt uns der Mut, wirklich zu lieben, denn in der Liebe gibt es ebensoviel Unsicherheit wie Zufriedenheit. Das Bedürfnis nach Liebe drückt sich in der Sucht nach Intensität aus. Vermutlich kennen wir alle jemanden – uns selbst eingeschlossen –, der oder die in ständiger Jagd nach Intensität von Beziehung zu Beziehung wechselt, von einer Vernarrtheit zur nächsten jagt. Das Gefühl des »Sichverliebens« erzeugt die Sucht. Die Dynamik des Verliebens wird aufregender als Erfüllung und Bestand in der Liebe.

Extreme andere Beispiele für Sucht sind die bekannten Abhängigkeiten von Drogen in jeder Form. Hierbei handelt es sich sowohl um eine Sucht nach Impulsivität als auch nach Intensität. Impulsivität kann sich allerdings auch ohne diese Substanzen, allein durch den Zwang nach Impulsivität, zeigen.

Einer meiner Klienten, nennen wir ihn Jack, war völlig im Griff der impulsiven Intensitätssucht. Er lieferte ein extremes Beispiel davon, wie Sucht sich manifestieren kann, wenn sie mit Lebensangst und emotionaler Instabilität verbunden ist. Jack hatte bereits mehrere psychiatrische Krankenhausaufenthalte hinter sich gebracht und nahm eine Vielzahl von Medikamenten. Sein Verlangen nach Intensität trieb ihn, weit über das hinauszugehen, was die meisten Menschen tun würden, um eine Sucht zu erfüllen.

Jack war eine Herausforderung. Die Geschichte seines gewalttätigen Verhaltens schloß das Herausreißen der Tür im Büro seines Psychiaters ebenso ein wie das (erfolglose) Auflauern seiner ehemaligen Frau mit einem Gewehr. Jack nahm gerne Homosexuelle in seinem Wagen mit, um sie anschließend zusammenzuschlagen. Dies schrieb er seiner Wut zu, selbst als Junge von einem Mann verführt worden zu sein. Er war beständig auf der Suche nach Situationen mit hoher Intensität. Doch er konnte keine wirkliche Befriedigung daraus ziehen. Zu Beginn unserer Therapie war ihm nicht bewußt, wie nahe er sich am Abgrund befand.

Jack, der mit 43 Jahren immer noch bei seinen Eltern wohnte, sah ich zum erstenmal bei einem Tagestherapieprogramm. Unsere Arbeit bestand zunächst darin, ein solides Fundament für unsere Beziehung aufzubauen. Er hatte jeden Zusammenhang von Körper, Emotion und Verstand verloren und brauchte zunächst viel Vertrauen und Sicherheit. Zwar konnte er groß und erschreckend wie ein Löwe aussehen, doch hinter all dem stand kein Herz, keine Überzeugung. Wie zu vermuten war, offenbarte Jack einen beträchtlichen Umfang an traumatischen Erlebnissen aus seiner Kindheit, die ihn tief verletzt hatten.

Unsere Therapie ging durch viele Phasen, doch wir kamen immer wieder dahin zurück, mehr Unterstützung für ihn aufzubauen, um sein Selbstwertgefühl wachsen zu lassen. Wir arbeiteten intensiv an mehr Selbst- und Körperbewußtsein. Jack lernte, sich zu entspannen und zur Ruhe zu kommen. Er verspürte dadurch weniger Zwang, nach Stimulation und Intensität von außen zu suchen. Allerdings wurde er nun mit seiner eigenen tiefen Leere konfrontiert, die stark von Furcht und Schmerz beeinflußt war. Indem er jedoch bei sich selbst blieb und in sich selbst ging statt wie bisher nach außen, begann er, seine Lebendigkeit wiederzufinden.

Es gibt eine Blume für jede Stimmung des Denkens.

Henry David Thoreau

Es gelang ihm, viel von der Furcht und jenen Schmerzen zu überwinden, die ihn früher »aus seinem Körper« gejagt hatten. Er lernte, mit seinen inneren Gefühlen von Furcht, Schmerz, Wut und Leere umzugehen. Schließlich, am Ende der Therapie, nach etwa zwei Jahren, war Jack frei von seinem gewaltsamen Verhalten und konnte ohne Medikamente auskommen. Das letzte, was ich von ihm hörte, war, daß er als Gärtner arbeitete, eine feste Beziehung hatte und selbständig lebte.

Die Barriere zur Handlung

Die Handlungsbarriere blockiert Vorgehensweisen, die angemessen und zeitgerecht sind und von Herzen kommen. Ich kann zum Beispiel genau wissen, was ich tun will und muß, um meine Schreibarbeiten zu erledigen, und dennoch tue ich es nicht. Ich habe Klarheit darüber, was getan werden muß, habe sogar Wunsch und Bedürfnis, es zu tun – und schaffe es dennoch nicht. Ständiges Zögern, Überdenken und Verschieben sind Anzeichen für diese Barriere.

Um aufrichtig und wirksam zu handeln, müssen wir aus unserer Tiefe bewegt werden. Unsere Klarheit muß uns tief genug berühren, um herzhafte Handlung zu bewirken.

Für das Beispiel der Schreibtischarbeit gilt: Motivation und Klarheit können vorhanden sein, doch wir können sie nicht in uns aufnehmen. Das Bedürfnis erreicht nicht unser Herz, und somit haben wir auch nicht genügend Herz, um die Handlung auszuführen. Man könnte sagen, wegen der oberflächlichen Aufnahme bleibt das Ergebnis ebenfalls oberflächlich.

Ein klassisches Beispiel, das zeigt, wie leicht es ist, von einer solchen Barriere gelähmt zu werden, stammt aus der Zeit lange vor dem Zusammenbruch der Sowjetunion.

Nachdem Chruschtschow seine berühmte und enthüllende Rede über die Grausamkeiten Stalins gehalten hatte, rief jemand im Kongreßsaal: »Und wo waren Sie, Genosse Chruschtschow, als all diese unschuldigen Leute ermordet wurden?« Chruschtschow hielt inne und sah sich im Saal um. Er konnte die Person nicht identifizieren und sagte: »Würde der Fragesteller bitte aufstehen.« Die Spannung stieg und niemand bewegte sich im tödlichen Schweigen, das entstand. Da sagte Chruschtschow: »Gut, wer auch immer Sie sind, da haben Sie die Antwort auf Ihre Frage. Ich war damals genau in der gleichen Lage, in der Sie jetzt sind.«

Der Fragesteller in dieser Geschichte war in der Barriere zur Handlung gefangen. Wir können vermuten, daß Chruschtschows Aufforderung, sich erkennen zu geben, ihm beträchtliche Furcht bereitete und Bedenken verursachte. Niemand weiß, was ihm hätte passieren können, falls er damals aufgestanden wäre. Diese Form »realistischen Handelns« entspringt der Persönlichkeit, die stets mehr vom Standpunkt der Sicherheit aus operiert als von Integrität oder Wahrheit.
Vielleicht aber wäre der Fragesteller aufgestanden, wenn ihn die Frage tiefer angesprochen hätte. Wäre er mit seiner wahren Stärke, Integrität und Neugier verbunden gewesen, hätte er anders handeln können. Unter den gegebenen Umständen war dies sicher keine leichte Sache. Doch wir können uns vorstellen, was dieser Mann für den Rest seines Lebens empfunden haben mag, wenn er an diese Situation zurückdachte.

➤ Übung: Die Handlungsbarriere untersuchen

Lies die folgenden Sätze einige Male in innerer Achtsamkeit. Achte auf deine geistigen, körperlichen und emotionalen Reaktionen:
- ☐ Dein Leben gehört dir.
- ☐ Es ist in Ordnung, deine Gefühle auszudrücken.
- ☐ Dein Herz ist vertrauenswürdig.
- ☐ Es ist in Ordnung, aus deinen eigenen Impulsen heraus zu handeln.

- ☐ Es ist in Ordnung, Wut zu haben.
- ☐ Du bist wichtig.
- ☐ Es ist in Ordnung, ehrlich zu sein.
- ☐ Du kannst tun, was du willst.

Achte darauf, welche Sätze einen deutlichen Einfluß auf dein Empfinden haben. Welche Sätze aktivieren dich (anregen, aufregen, stören, berühren usw.) oder lassen dich völlig kalt und ohne Reaktion. Die Bedeutungen hinter diesen Reaktionen sind oftmals Ausdruck einer bestimmten Barriere. Oft weist eine starke Reaktion auf ein Thema hin, mit dem ich tief innerlich schon beschäftigt und eventuell auch im Konflikt bin. Eine besonders kalte oder distanzierte Reaktion kann auf etwas deuten, das ich zu vermeiden versuche.
Natürlich sind das nur einige Erklärungen von mehreren Möglichkeiten. Es ist gut, die Sätze einige Male zu lesen und den Reaktionen im Zustand der inneren Achtsamkeit Aufmerksamkeit zu geben und sie zu erforschen. Die Stärke oder Schwäche der Reaktionen haben mit Sicherheit eine persönliche Bedeutung.
Um mehr Klarheit über die Handlungsbarriere zu bekommen, sollen im folgenden einige Aspekte näher beschrieben werden.

- **Das Erleben der Barriere**

Belastet; widerstandsfähig; tiefe Schuld und Scham; Verzögerung von Handlung oder auch impulsiver Handlung; der Versuch, sich zu verstecken und ein falsches Selbstbild vorzugeben.

- **Mögliche Schwierigkeiten**

Sich wie ein Opfer fühlen; alles immer wieder überdenken; unklar darüber sein, was der eigene Zweck ist; unvollständige Sätze und mögliche Verdauungsprobleme.

- **Die Barriere in Beziehungen**

Beziehung ist eine Last, ein ständiges Gewicht und eine Beschränkung von Freiheit.

Folgende Ursachen können die Barriere aktivieren und bewirken, daß eine wirksame, aus dem Herzen kommende Handlung nicht zustande kommt:

- Es kann sein, daß wir in der Vergangenheit, als wir unser Herz voll einsetzten, verletzt wurden. Deshalb zögern wir, unser Herz erneut sprechen zu lassen. So kommt es dazu, daß wir Handlung verzögern oder aufschieben bzw. uns zurückhalten.

- Es kann sein, daß wir in der Vergangenheit andere durch unser Verhalten verletzt haben und meinen, jede Handlung würde auch jetzt nur zu mehr Schmerz führen. Deshalb erscheint es uns sicherer, nicht zu handeln als falsch oder fehlerhaft.
- Wenn wir mit dieser Barriere konfrontiert sind, wollen wir vielleicht reagieren, doch wir sehen keine Möglichkeit. Um zu handeln, müssen wir Verantwortung übernehmen, und es kann sein, daß wir das Gewicht dieser Verantwortung nicht glauben tragen zu können. Dieses Muster führt meist zur Opferrolle der Selbstbelastung mit Schuld. Dabei kann es leichter oder gewohnter sein, diese Schuld zu ertragen, als zu handeln.

Oft bleibt das Aussitzen, Frustrieren oder Zunichtemachen der Ziele anderer der einzige Sieg, zu dem wir fähig sind. Was passiert, wenn wir an dieser Barriere hängenbleiben? Danach fragt auch Langston Hughes, wenn er in einem Gedicht sagt: »Was passiert eigentlich mit einem hinausgeschobenen Traum?« Und dann überlegt: »Stinkt er wie verdorbenes Fleisch? Oder verkrustet er sich wie ein süßer Sirup? Vielleicht hängt er über uns wie eine schwere Last? Oder explodiert er gar?«

Was es zu tun gibt

Um zu lernen, was wir am besten tun, wollen wir uns zuerst darauf konzentrieren, was wir besser unterlassen. Ein Beispiel gibt die folgende Geschichte:

Ein Mann, der häufig im Wald spazierenging, sah eines Tages einen Fuchs mit drei Beinen. Er war verwundert, wie ein Fuchs mit einem fehlenden Bein überleben konnte. Da kam ein Tiger vorbei mit frischer Beute in seinem Maul. Der Tiger ließ sich nieder und verspeiste das Beutetier. Es blieb jedoch genügend übrig, so daß der Fuchs danach auch noch satt wurde. Am nächsten Tag wurde der Fuchs auf die gleiche Weise gefüttert.
Der Mann begann über die Güte Gottes nachzudenken und sagte: »Wenn der Herr so für diesen Fuchs sorgt, dann bin ich zuversichtlich, daß er auch für mich sorgen wird.« Mit dieser Überzeugung legte er sich nieder, um darauf zu warten, daß auch er versorgt würde. Tage vergingen und nichts geschah. Ihm war keine Nahrung gebracht worden, und er hungerte sehr. Schließlich hörte er eine Stimme, die zu ihm sagte: »Du bist auf dem falschen Weg. Suche nach der Wahrheit. Statt den verletzten Fuchs nachzuahmen, solltest du dem Beispiel des Tigers folgen.«

Die Geschichte erinnert uns daran, mit unseren wirklichen Stärken vorzugehen, statt in unseren Schwächen und Barrieren verlorenzugehen. Deshalb ist es wichtig, einen Weg zu finden, der uns Sicherheit gibt, zu handeln. Wenn dies nicht möglich ist, sollten wir zunächst einmal unser Tempo verlangsamen und nicht über unsere Grenzen hinausgehen. Sich bewußt zurückzuhalten ist in Ordnung – nur das Unbewußte zurückzuhalten erzeugt die größeren Probleme. Anstatt impulsiv zu handeln, kann es sinnvoller sein, zuerst die Hindernisse, die Furcht und so weiter zu fühlen, ohne sofort etwas damit oder dagegen zu tun.

Finde Wege, mit deinen Interessen in Verbindung zu sein.

Intelligenz des Herzens

Folge deinem Herzen, und tu, was dir gefällt,
folge deinem Herzen, solange es in dir schlägt.

Ägypten, Totenlied, 2000 v.Chr.

Psychoanalyse ist im Wesen heilen durch Liebe.

Freud in einem Brief an C.G. Jung

Um wirksam zu handeln, kann die Intelligenz des Herzens genauso wertvoll sein wie die Intelligenz des Verstandes. Die Herzensintelligenz hält die Verbindung aufrecht zu dem, was wir lieben, und führt uns zu sinnvoller Handlung. Wenn wir Handlung wollen, die nicht nur Selbstzweck ist, brauchen wir diese emotionale Intelligenz, die uns die Richtung zeigt.

Die Intelligenz des Herzens führt uns zu herzhafter Handlung.

Eine der vier transkulturellen Lebensweisheiten rät uns: »Achte auf das, was Herz und Bedeutung hat.«

- Was gibt es in deinem Leben, das Herz und Bedeutung hat und darauf wartet, von dir beachtet zu werden?

➤ Übung: Herzqualität

> Wenn du umarmt werden willst, öffne deine Arme.
>
> *Rumi*

In dieser Übung wollen wir auf die Sprache des Herzens hören. Was ist die Intelligenz des Herzens?

- ☐ Fühle dein körperliches Herz.
- ☐ Was sind die Träume deines Herzens?
- ☐ Stelle dir die Träume vor, die dein Herz träumt.
- ☐ Wie sprach dein Herz mit dir, als du ein Kind warst?
- ☐ Wonach sehnst du dich?

Wesentliche Eigenschaften von Wille und Akzeptanz

Meistens betrachten wir den Willen als etwas Unnachgiebiges und Hartnäkkiges, den wir nur benutzen, um Widerstände zu überwinden. Doch das ist nicht der echte, essentielle Wille, sondern nur eine mechanische und blinde, von der Persönlichkeit gesteuerte Variante.

Essentiell ist jener Wille, der mit dem Fluß der Ereignisse und der natürlichen Entfaltung der Dinge übereinstimmt. Dieser wesentliche Wille weiß, was er spontan nutzen muß, um Teil des natürlichen Flusses zu sein. Zugleich achtet und beachtet er klare Grenzen.

Stärke ist eine verwandte Eigenschaft der Essenz. Echte Stärke kann Ereignisse, die sich entwickeln, mit Kraft versehen und sie unterstützen, damit sie sich ganz entfalten. Authentischer Wille, der mit Stärke verbunden ist, drückt sich oft als aktive Akzeptanz aus.

Echter Wille hat dieselbe Richtung wie der Fluß der Ereignisse.

Aktive Akzeptanz

Wille und Stärke sind dynamische Kapazitäten, und ähnlich ist auch Akzeptanz keineswegs passiv oder machtlos. Aktive Akzeptanz ist nicht nur die Bereitschaft zur Aufnahme, sondern auch die Akzeptanz, eine Handlung auszuführen oder Verantwortung zu übernehmen. Aktive Akzeptanz ist daran zu erkennen, *wie* jemand handelt, nicht, *wann* gehandelt wird. Sie entsteht tief in uns, in unserer Essenz, im Gegensatz zum mechanischen Willen, der in unserer Persönlichkeit entsteht.

Warum sollten wir dauernd mit so viel Betriebsamkeit und Hektik leben – laß uns den Tag so frei wie die Natur selbst verbringen.

Henry David Thoreau

Ich will ein Beispiel aktiver Akzeptanz beschreiben: Ein Freund erzählte mir von einer Konfrontation mit der Polizei in New York City. Es geschah vor einigen Jahren, als die Polizei eine besondere Kampagne durchführte: In wechselnden Abständen wies der Bürgermeister die Polizei an, gegen spezielle Gesetzesübertretungen vorzugehen. Diesmal sollten diejenigen, die den Fußüberweg falsch benutzten, gewarnt werden.

Nachdem mein Freund trotz Rotlicht eine Straße überquert hatte, wurde er von einem Polizisten zur Seite gewinkt. Normalerweise ist in New York City für Fußgänger das Überqueren einer Straße bei Rotlicht eine von niemandem beachtete Sache. Die meisten Fußgänger, und auch manche Autofahrer, betrachten rote Ampeln mehr als Empfehlung, denn als Befehl oder Gesetz. Entsprechend war auch dieser Freund überrascht und fragte beim Polizisten nach. Der Polizist wies auf die besondere Anordnung des Bürgermeisters hin und erklärte, daß er diesmal einen Strafzettel wegen Gesetzesverstoßes erteilen müsse. Er zog sein schwarzes Buch aus der Gürteltasche, nahm es in die linke Hand, den Kugelschreiber in die rechte und bereitete sich vor, einen Strafzettel zu schreiben.

Ohne zu überlegen, streckte mein Freund spontan beide Hände aus. Er hielt sie unter die Hand des Polizisten, um ihm zu helfen, das Buch stabiler zu halten und somit leichter schreiben zu können. Der überraschte Polizist blickte auf, und ohne ein weiteres Wort winkte er meinem Freund, weiterzugehen.

Wie kam es zu diesem unerwarteten Ausgang? Hier einige mögliche Antworten: Der Polizist erwartete vermutlich Schwierigkeiten vom anderen. Er wußte selbst, wie unverständlich und letztendlich nutzlos es war, diese Übertretung einige Wochen lang zu bestrafen und dann nie wieder. Doch seine Vermutung, einen schweren Stand bei meinem Freund zu haben, erfüllten sich nicht. Auch kam die Akzeptanz auf eine völlig unerwartete Art. Wer erwartet denn schon, von jemandem, gegen den er etwas unternimmt, dafür auch noch Unterstützung zu bekommen! Der ausgelöste Effekt brachte den Polizisten von seinem Kurs ab. Er hätte automatisch gewußt, wie er auf Beschwerden oder Ausreden zu reagieren hatte. Damit mußte er sowieso jeden Tag umgehen. Doch wie sollte er auf solch eine aktiv ausgedrückte Akzeptanz reagieren?

Du kannst eine Freude nie zu früh erleben, denn du weißt nie, wann es zu spät ist.

Ralph Waldo Emerson

Der Polizist mußte nicht in sein routinemäßiges Verhalten verfallen. Statt dessen konnte er sich überraschen lassen, eine andere Perspektive bekommen, kreativ reagieren anstatt automatisch. Aktive Akzeptanz fördert die Kreativität. Es ist der beste Weg, im Fluß der Ereignisse zu bleiben, bedeutet erst einmal, »Ja« zu dem zu sagen, was vorliegt, und dann weiterzumachen. Es ist kein passiver Kniefall, kein Mißbrauch, keine Selbstaufopferung. Aktive Annahme bedeutet, das momentan sich entwickelnde Leben mit Kraft zu unterstützen.

In seinem Brief von 1963 aus dem Gefängnis von Birmingham beschrieb Martin Luther King dieses Konzept folgendermaßen: »Die gewaltfreie, direkte Aktion versucht, Situationen zu schaffen, welche die Spannungen vermehren. Dadurch soll eine Gemeinschaft dazu gebracht werden, sich bisher vermiedenen Sachverhalten zu stellen und sie wahrzunehmen. Dann kann man darüber nachdenken oder sogar verhandeln.« Aktive Annahme ist somit eine Konfrontation der Standpunkte im Sinne der Selbstreflexion und der offenen Menschlichkeit.

Der bedeutende Psychologe Carl Rogers beschreibt etwas Ähnliches. In seinem Rückblick über 46 Jahre psychologischer Praxis nennt er drei Elemente als »Kernbedingungen«, die sowohl notwendig als auch ausreichend für das Wachstum der Person sind. Diese drei Elemente sind konkretes Mitgefühl, uneingeschränkte positive Beachtung und Aufrichtigkeit. Die letzte Bedingung werden wir später aufgreifen, doch die beiden ersten sind wichtig für die aktive

Akzeptanz. Tatsächlich wird sie durch sie definiert. Konkretes Mitgefühl ist die Fähigkeit, sowohl zu verstehen, als auch zu fühlen, was der Inhalt und die emotionale Realität einer Situation ausmachen. Dies beinhaltet mich selbst und auch die anderen. Der »konkrete« Teil ist die Fähigkeit, zu erkennen, worum es bei Gefühlen eigentlich geht und sie auch wirklich zu fühlen. Beim »mitfühlenden« Teil handelt es sich um die Fähigkeit, mit dem Geschehen zu kommunizieren, in Kontakt zu sein und der Sache nahezustehen.

Ich finde, alle Dinge, die unverzüglich getan werden müssen, minder wichtig. Ich würde sie alle aufschieben, um einer Grille zuzuhören.

Henry David Thoreau

Uneingeschränkte positive Beachtung bedeutet, die Situation mit bedingungsloser Menschlichkeit zu behandeln. Meist ist dies leichter bei anderen Menschen umzusetzen als sich selbst gegenüber. Wir finden es einfacher, anderen zu vergeben oder etwas bei ihnen zu übersehen als bei uns selbst. Also akzeptiere, daß du wie alle anderen auch unangenehme und geschmacklose Züge an dir hast. Es sind dies Polaritäten des Lebens, die uns mehr Balance und Erfüllung bringen können.

Eigenschaften der Jahreszeit der Handlung

- Jahreszeit: Sommer
- Richtung: Süden
- Eigenschaft der Jahreszeit: Wirksame, herzhafte Handlung
- Transkulturelle Lebensweisheit: Achte auf das, was Herz und Bedeutung hat.
- Intelligenz: Intelligenz des Herzens
- Sucht: Impulsivität, Intensität (Leidenschaft ohne Mitgefühl)
- Barriere zur Handlung: Blockieren und verzögern
- Wirkungsumfang der Barriere: Die nicht integrierte Dualität: Handeln – Verzögern
- Glaubenssätze der Barriere: Du mußt nichts tun. Warten ist in Ordnung. Werde nicht wütend. Es ist hoffnungslos. Höre auf, die anderen zu verletzen. Sei nett. Schlucke alles.
- Zu entwickelnde persönliche Eigenschaften: Herzhaftigkeit, Handlungswille

- Wachzurufende essentielle Eigenschaften: Wille (Zulassen), Aktive Akzeptanz, Vertrauen
- Persönliche Entwicklungsaufgabe: Expansion, Ganzheit und Lebendigkeit der ganzen Person zulassen
- Somatische Aufgabe: Herzbewußtheit; lernen, mit dem Herzen zu denken
- Leitende Eigenschaften: Ganzheit der Person; Erkennen der Einheit von Körper, Verstand, Herz und Seele
- Entwicklungsziel: Geben, Initiative
- Lernen: Ausdrücken und Handeln
- Medizinrad: Wachstum, Vertrauen, Liebe
- Fünf-Elemente-Theorie: Feuer, ganzes Yang
- Lebensphase: Jugend

6 Die Jahreszeit des Genießens und des Aufnehmens

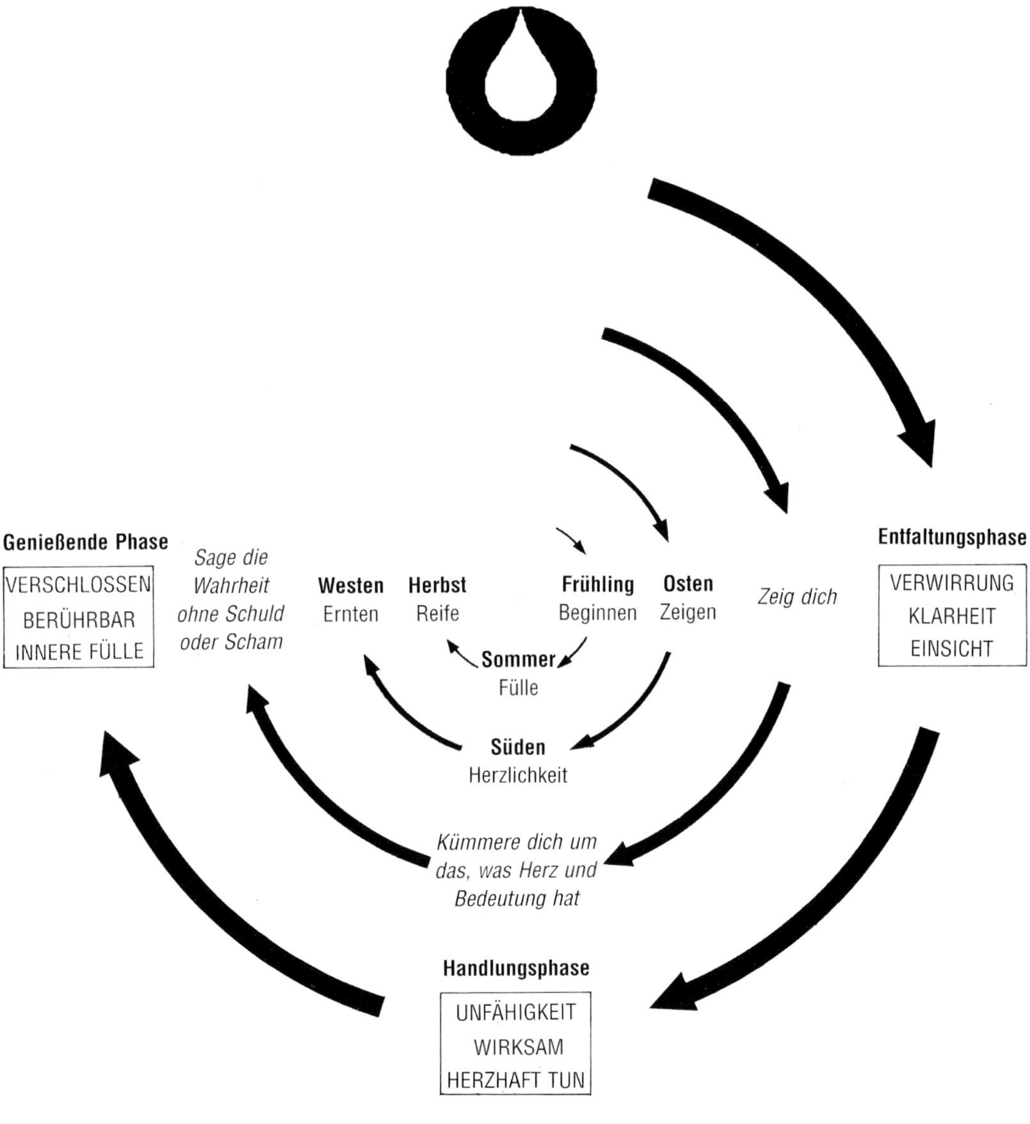

Die Früchte der Handlung genießen

Der Herbst ist die Zeit, in der Trauben ihre letzte Süße aufspeichern. Es ist die Jahreszeit des Erntens, dankbar zu sein und um die Lebensmittel für den kommenden Winter einzulagern. Die Natur lehrt uns, in dieser Jahreszeit nach innen zu schauen, die Früchte unserer Handlungen aufzubewahren, seien sie nun bitter oder süß, und sie für die innere Stärkung zu speichern. Wenn die Nächte im Herbst kühler werden, ist es Zeit, sich von innerer Wärme berühren zu lassen.

Um zu überleben, brauchen wir vier Umarmungen am Tag. Damit wir uns wohl fühlen, sollten wir acht Umarmungen pro Tag bekommen. Mindestens zwölf Umarmungen am Tag brauchen wir, um zu wachsen.

Virginia Satir

Wenn eine Handlung erfolgreich vollendet wurde, ist es natürlich, langsamer zu werden, sich Zeit zum Schmecken und Genießen zu lassen. Wir bewegen uns nun von der aktiven, nach außen gerichteten, vollbringenden Phase zur ruhigeren, auf Inneres konzentrierte, aufnehmenden Jahreszeit. Auf die nach außen orientierte erste Hälfte des Kreislaufs, dem aktiven Frühjahr und Sommer, folgen die empfangsbereiteren Phasen von Herbst und Winter.

Wenn die Nächte im Herbst kühler werden, ist es Zeit, sich von innerer Wärme berühren zu lassen.

Herbst ist die Jahreszeit des Genießens und Aufnehmens. Wir können die Aktivität, das »Tun« hinter uns lassen und beginnen, das »Sein« zu erfahren – was für viele von uns schwierig ist. Wie die folgende Geschichte zeigt, wissen wir oft nicht, wie man einfach das unterstützt, was ist, ohne sofort etwas damit tun zu wollen, ohne es gleich verändern zu wollen.

Drei alte Mönche kamen zum Abt und sagten: »Wir haben bemerkt, daß einige Brüder während unserer Gebete schlafen. Was sollen wir tun? Sollen wir sie kneifen oder schütteln, damit sie wach bleiben?« Nach längerem Schweigen sagte der Abt zu ihnen: »Wenn ich einen Bruder sehen würde, der während der Messe schläft, würde ich seinen Kopf in meinen Schoß legen, damit er besser ruhen kann.«

Die Dinge in uns hineinzuziehen, unser emotionales Wesen reifen zu lassen – das ist die Aufgabe der herbstlichen, empfangenden Jahreszeit.

Herbst ist die Zeit, das »Tun« hinter sich zu lassen und das »Sein« zu erfahren.

Ziele der genießenden Phase sind:

- □ Überprüfen und Bewerten der vorigen Handlung.
- □ Die Wirkungen voriger Handlungen erfahren, fühlen und spüren.
- □ Die Fähigkeit, die ganze Intensität der Gefühle zu erleben.
- □ Unterstützung anerkennen und annehmen.
- □ Die Fähigkeiten für emotionales Erleben vergrößern.
- □ Unsere Emotionen gegenwärtig machen. Unser emotionales Wesen weiter reifen zu lassen.
- □ Mehr Bewußtsein und Wert zur Dimension des »Seins« zu bringen.
- □ Den Augenblick mit mehr Präsenz zu erfahren.

Reifen durch umfassendes Halten

Im Herbst bietet uns die Natur ein gutes Beispiel, wie wir unser emotionales Wesen reifen lassen können. Sommer ist die Zeit für Wachstum, Herbst ist die Zeit des Ausgewachsenseins, Zeit der Reife. Es scheint, als ob der Sommer den Antrieb für die Feldfrüchte gibt, ihren ganzen Umfang zu erreichen. Im Herbst existiert kaum noch äußeres Wachstum. Jetzt reift die Frucht innerhalb ihrer Schale oder Haut. Die Früchte intensivieren alles, was es an Farbe und Geschmack gibt. Die Jahreszeit des schnellen Wachstums ist vorüber.

In unserem Gefühlsleben findet ein ähnlicher Prozeß statt, wenn wir unsere Gefühle präsent halten. Um Empfindungen zur Reife zu bringen, sollten wir sie genauso umfassend halten, wie die Haut die Frucht umfaßt. »Umfassendhalten« von Empfindungen bedeutet, ihrer bewußt zu sein, ihnen Zeit zu geben und ihnen Präsenz

Ein Feld mit reifem Mais, das abgeerntet wurde und dessen Kolben zum Trocknen aufgestapelt sind. Dieser ungemein üppige, trokkene, süße, reife Geruch – ich fühle mich, als sei ich selbst ein Teil der Maiskolben.

Henry David Thoreau

zu verschaffen. Auf diese Weise erfahren wir Emotionen und Empfindungen, ohne sie zu unterdrücken.

Der Weg, Empfindungen reifen zu lassen, erfordert, sie zu umfassen, so wie die Haut die Frucht umfaßt.

Henry David Thoreau, der drei Jahre seines Lebens in einer einsamen Hütte in Massachusetts am Walden See verbrachte, beschrieb oft seine Beziehungen zur Natur. In einer kurzen Passage seines Tagebuchs vermerkt er, was es bedeutet, von der Erfahrung eines nassen und regnerischen Sturmes erfüllt zu werden.

Um das Wesen eines Sturmes zu erkennen, müssen wir ihm lange ausgesetzt sein, damit er bis zu unserer Haut durchdringen kann und es keinen Teil von uns mehr gibt, der nicht naß und sturmgepeitscht ist...

Umfassen von Gefühlen bedeutet aber nicht, sie irgendwann nicht doch zu zeigen oder auszudrücken. Selbst wenn wir das verhindern wollten – es wäre nicht möglich. Doch wenn wir die Intelligenz und den Sinn einer Emotion erforschen wollen, müssen wir ihr Zeit, Raum und Entwicklungsmöglichkeit geben. So kann sie reifen und ihre spezifische Natur entfalten. Wie beispielsweise die Zitrone und Apfelsine sich während des Wachstums zunächst täuschend ähnlich sind, so erreichen sie erst während der Zeit der Reife ihre wahre, eigenwillige Natur. Ähnlich verhält es sich mit unseren Gefühlen. Jede Emotion hat ihre eigene Intelligenz. Ein Gefühl braucht angemessene Aufmerksamkeit, um in uns zu wachsen, sich zu entwickeln und zu differenzieren. Nur dann können wir ernten bzw. seine Bedeutung verstehen und für uns nutzen.

Was in der Vergangenheit bedeutungsvoll war, ist in der Gegenwart aktiv.

Yvonne Agazarian

Eine Emotion braucht angemessene Zeit und Aufmerksamkeit, damit sie reifen kann.

Sobald ich einer Empfindung erlaube, gegenwärtig zu sein, wird es viel weniger zwingend, sie auszudrücken oder aber sie zu unterdrücken. Wenn wir bei einer Emotion bleiben, kann sie einen größeren Raum in unserem Körper und unserem Bewußtsein einnehmen und uns innerlich stärken. Die Emotion öffnet uns energetisch, was zu einem entspannteren und offeneren Körper führen kann. Das Gegenteil geschieht, wenn wir eine Empfindung leugnen oder unterdrücken, dann verschließt und verspannt sich unser Körper.

Welche Empfindung auch immer in uns reift, wenn sie ausgereift ist und Raum bekommt, macht sie uns vollständiger und stärkt unser ganzes Sein. Denn schließlich geht es beim Umfassendhalten nicht nur um die Vergegenwärtigung von Gefühlen. In gewissem Sinne müssen wir lernen, den Inhalt unseres gesamten Lebens zusammenzuhalten. Wir müssen allen Aspekten unseres Seins Präsenz ermöglichen. Solange wir unser Leben aufteilen, sind wir nicht fähig, als Ganzes zu wachsen.

Die folgende Illustration über den Fluß der Jahreszeiten zeigt ein Muster, das in allen menschlichen Kulturen und jedem Menschenleben zu beobachten ist. Auch wenn sich die Namen der Rituale wie Initiation oder Ehe von Kultur zu Kultur unterscheiden, so sind sie doch allgemein gültig. Wir alle erleben unsere besondere Form der »Initiation«, wir lernen, was es bedeutet, ein Mann oder eine Frau zu sein, was Selbständigkeit ist und so fort. Im Bezug auf die Ehe haben wir meist ebenfalls Erfahrung – ganz gleich, welchen Namen wir dieser Gemeinschaft geben.

Während wir uns in diesem Buch durch einzelne Jahreszeiten bewegen, ist es gut, sich zu erinnern, daß unser größerer Lebenskreislauf so gestaltet ist, sich als Ganzes zu entfalten und zu reifen. Das Muster des vollendeten Lebenskreislaufs ist ein Kunstwerk, unser eigenes Lebenskunstwerk, das wir beständig schaffen.

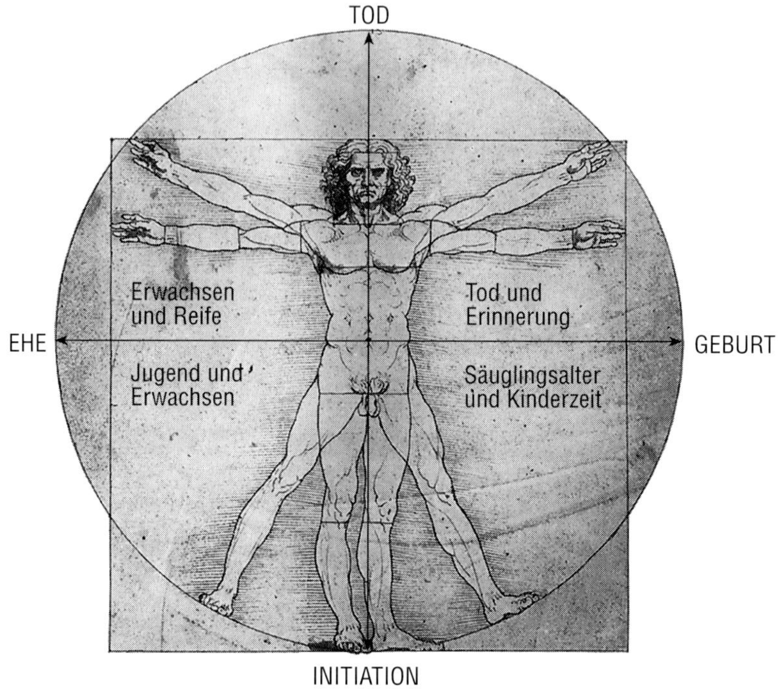

Intelligenz des Körpers

Um unser emotionales Wesen zu entwickeln, müssen wir Gefühle in ihrem vollen Umfang umfassen. Wir müssen unsere Liebe und unseren Haß beachten, unsere Freude ebenso wie unsere Trauer. Es ist wichtig, Gefühle zu spüren und sie in ihrer ganzen Reife zu erleben. Dies gelingt immer dann, wenn wir ihnen genügend Zeit und Aufmerksamkeit schenken.

Unsere Empfindungen reifen zu lassen,
ernährt unser ganzes Sein.

Unsere Fähigkeit und unser Bedürfnis für emotionale Präsenz liegt im Bereich des Körpers und des Körperbewußtseins. Viele von uns sind jedoch so sehr vom Kopf und Denken beherrscht, daß der Rest des Körpers es schwer hat, sich zu äußern. In unserer Logik und im Denken gibt es gewöhnlich nur wenig Raum zur Würdigung der Intelligenz des Körpers.
In welchem Umfang betrachtest oder kultivierst du zum Beispiel Beziehungen oder Aktivitäten, die deinen Körper erfreuen, ihm körperliches Wohlergehen bringen? Wie stark läßt du dich deine Sorge oder deinen Schmerz fühlen, ohne sie zu rationalisieren oder zu reduzieren? Bis zu welchem Grad genießt und pflegst du deinen Körper, damit er dir Sinnlichkeit, Genuß und Lebendigkeit bringt?

Wir saßen lange in völligem Schweigen, den Mondschein betrachtend, der die Wolken durchdringen wollte, dem Klang des anhaltenden Regens lauschend.

Matsuo Basho

➤ Übung: Reflexion über dein emotionales Wohlergehen

Lies die folgenden Sätze in einer selbstreflektierenden, innengerichteten Weise. Achte darauf, was sie in dir bewirken.
- ☐ Du wirst unterstützt.
- ☐ Es ist richtig, Bedürfnisse zu haben.
- ☐ Du kannst genießen.
- ☐ Es ist menschlich, verletzt zu sein.
- ☐ Es ist in Ordnung, wenn du dich um dich selbst kümmerst.
- ☐ Wie beurteilst du deine emotionale Kapazität, gemessen an deiner Reaktion?

Selbst wenn wir es als Erwachsene vergessen haben: Kinder spüren meist sofort, was sie mögen und was nicht. Bei Erwachsenen kann es endlos dauern, bis sie entscheiden können, was für sie gut ist und was nicht – und selbst dann gibt es oftmals noch Ungewißheiten (vor allem in Beziehungen). Warum? Weil wir irgendwann unterwegs unseren Sinn verloren haben, auf unser Körpergefühl zu hören. Wir sollten aber daran denken, daß wirklich nur ein begrenzter Bereich existiert, den unser Gehirn erfassen kann. Unsere volle menschliche Kapazität schließt auch die Intelligenz unseres Körpers, der Intuitionen und Gefühle mit ein.

Wir alle sehnen uns zwar nach Zufriedenheit und Erfüllung, doch sie zu erleben ist eine ganz andere Sache. Selbst wenn es Hilfe und Unterstützung für uns gibt, haben wir oft Schwierigkeiten, sie auch wirklich zu erkennen. Manchmal blockieren wir innerlich unser eigenes Wohlergehen, indem wir das Bedürfnis danach leugnen. Es gibt Zeiten, in denen wir uns nach Unterstützung und Nähe sehnen und es anderen zugleich unmöglich machen, sie uns zu geben. Oder aber wir bevorzugen das logische und kontrollierte Leben und vernachlässigen das emotionale und körperliche.
Die häufigsten Einwände gegen Unterstützung und innere Stärkung lauten, daß wir keine Zeit dafür haben oder nicht wissen, was wir tun können. Die folgenden Vorschläge eignen sich hervorragend, um Argumenten wie Zeitmangel oder Unwissenheit zu begegnen. Wir sollten diese Aufzählung nicht allzu schnell überfliegen, denn sie ist eine wichtige Erinnerung an die Vielfalt der Möglichkeiten und kann die Qualität unseres Lebens deutlich verbessern.

➤ Übung: Tu etwas für dich

Viele haben keine klare Vorstellung davon, was es heißt, »etwas für sich zu tun«. Sollte es dir ebenso ergehen, so kann es hilfreich sein, sich vorzustellen, daß du jemanden, der dir sehr wichtig ist, zu Gast hast. Du willst ihn oder sie verwöhnen und den Aufenthalt so angenehm wie möglich machen, damit deine Wertschätzung auch sichtbar wird. Kehre nun die Situation um und versuche, dich als solch einen Gast zu sehen. Die folgenden Beispiele können dir einige Anregungen geben, was du für dich tun kannst. Biete niemandem etwas davon an, bevor du es selbst nicht *wenigstens einmal* getan hast. Mach dies zu einem wichtigen Kriterium, wenn du die Liste durchsiehst.

- ☐ Rufe einen Freund an
- ☐ Schau dir einen Sonnenuntergang an
- ☐ Laufe über Gras
- ☐ Backe Brot
- ☐ Geh im Regen spazieren
- ☐ Rieche an Blumen
- ☐ Mache Seifenblasen
- ☐ Schau die Wolken an
- ☐ Öffne eine Dose Kaffee
- ☐ Geh in einen komischen Film
- ☐ Schau zu, wie am Nachthimmel die Sterne aufleuchten

- ☐ Singe in der Dusche
- ☐ Lies ein Kinderbuch
- ☐ Umarme eine Freundin
- ☐ Bereite eine Tasse Tee zu
- ☐ Mach ein Nickerchen
- ☐ Laß einen Drachen steigen
- ☐ Verträume den Tag
- ☐ Kaufe witzige Socken
- ☐ Sammle Steine am Fluß
- ☐ Backe eine Torte
- ☐ Rufe eine Freundin an
- ☐ Übernimm eine freiwillige Arbeit
- ☐ Baue einen Vogelkäfig
- ☐ Gehe in den Wald
- ☐ Trage tolle Unterwäsche
- ☐ Sieh dir einen alten Film an
- ☐ Geh in eine Kunstgalerie
- ☐ Kaufe neue Bettlaken
- ☐ Male mit Buntstiften
- ☐ Umarme einen Freund
- ☐ Setz dich unter einen besonderen Baum
- ☐ Tu etwas, was du als Kind gern gemacht hast
- ☐ Schreibe einen Brief auf schönem Papier
- ☐ Setz dich und sei ganz ruhig
- ☐ Geh zum Essen aus
- ☐ Setz dich an einen Fluß
- ☐ Mach eine Wanderung
- ☐ Plane ein Abenteuer
- ☐ Lies einen Roman
- ☐ Kaufe ein Schaumbad
- ☐ Zünde eine Kerze an
- ☐ Laß dich massieren
- ☐ Geh in ein Konzert
- ☐ Verschwende etwas Zeit
- ☐ Pflanze einen Baum
- ☐ Schreib einen Brief an dich
- ☐ Kuschle dich in ein warmes Bett
- ☐ Schlürfe eine heiße Tasse Kakao
- ☐ Fühle, was auch immer du fühlst
- ☐ Leg dich hin und entspanne zehn Minuten
- ☐ Dreh rosa Glühbirnen in deine Lampen
- ☐ Pflanze deine Hauspflanzen um
- ☐ Geh in den Zoo
- ☐ Zeichne und male
- ☐ Rede mit einem Tier
- ☐ Mache etwas Unproduktives
- ☐ Spiele mit einem Spielzeug
- ☐ Lerne etwas Neues
- ☐ Höre Musik
- ☐ Tanze im Wohnzimmer
- ☐ Geh in den Park
- ☐ Hol dir Kekse und Milch
- ☐ Besuche einen Spielzeugladen
- ☐ Geh spazieren
- ☐ Weine dich aus
- ☐ Atme zehnmal tief ein und aus
- ☐ Strecke deinen Körper zu Musik

Denke daran, daß es darum geht, diese Aktivitäten zu genießen. Es kommt nicht darauf an, wieviel du davon unternimmst, sondern nur darauf, daß du dich währenddessen und danach innerlich wohler fühlst.

Die Sucht nach Wissen

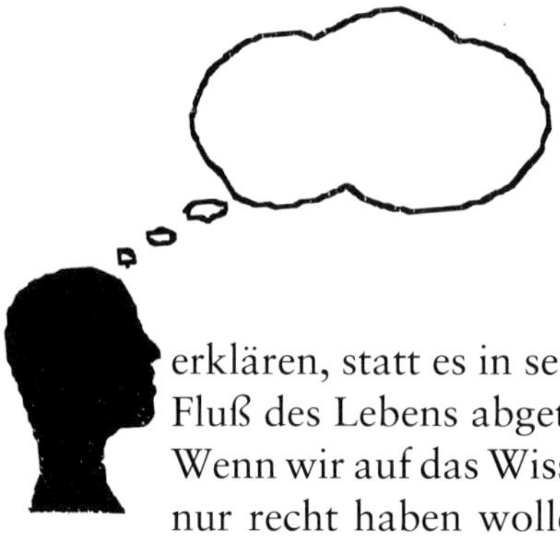

Im Grunde genommen ist die Sucht nach Wissen eine verschleierte Suche nach Kontrolle. Die zugrundeliegende Illusion besteht darin zu glauben, daß ich erst dann die volle Kontrolle über mein Leben habe, wenn ich weiß und verstehe, was, wann, wo – und vor allem weshalb es geschieht. Dieser Anspruch, das Leben zu erklären, statt es in seiner Fülle zu erleben, führt dazu, daß wir vom spontanen Fluß des Lebens abgetrennt werden.
Wenn wir auf das Wissenwollen fixiert sind und darauf, keine Fehler zu machen, nur recht haben wollen, dann können wir das Leben nicht vollständig leben. Zwanghaftes Wissenwollen trennt uns von uns selbst und auch von unseren Mitmenschen. Mitunter kann solche Trennung sogar tödliche Folgen haben, wie das folgende Ereignis zeigt:
Die englische Zeitung »Sunday Times« berichtete, daß in Thornburi, in Thailand, ein Mann seinen Freund in einem Streit getötet hatte. Die Auseinandersetzung war um die alte Frage entstanden, was zuerst da war, das Huhn oder das Ei. Der Überlebende behauptete, daß es das Huhn sei.

Echte Aufnahmefähigkeit kann nicht durch den Verstand allein erreicht werden, sondern nur mit Hilfe unseres Herzens. Nur wenn wir in der Tiefe unseres Seins berührt werden, verfügen wir über ein Wissen, das ausreichend und befriedigend ist.

Erforschen und Erklären

Bei unserer Suche nach Wissen geraten wir häufig in die Falle, Erklärungen mit dem Verstehen zu verwechseln. Wenn wir in der Lage sind, etwas zu erklären, bedeutet dies noch lange nicht, daß wir tatsächlich auch das Wissen haben. Wir

---

Oft verwechseln wir Erklärung mit wirklichem Verstehen.

---

können die Schwerkraft erklären, können beschreiben, wie sie funktioniert, was sie bewirkt, doch wir wissen nicht, was Schwerkraft tatsächlich ist. Um etwas wirklich zu verstehen, müssen wir es selbst erforschen.

Erklärungen helfen, wenn wir etwas verstehen wollen. Erforschen hilft, wenn wir etwas erfahren wollen. Allerdings gibt es hierbei kein völliges Schwarz oder Weiß. Unsere Fähigkeit, ein Gefühl genauer zu erklären, hilft uns zumindest dabei, das Gefühl auch etwas mehr zu verstehen. Der Grund, weshalb wir für uns dabei trotzdem nichts Wesentliches lernen, liegt darin, daß wir die Sache von außen betrachten. Um ein tieferes Wissen zu erreichen, ist Erforschen notwendig.

Bei meiner Suche will ich nicht in die Fußstapfen der alten Männer treten. Ich mache mich selbst auf die Suche, die gleichen Dinge wie sie zu finden.

Matsuo Basho

Beim Erforschen lernen wir durch Erfahrung und vor allem durch eigene Erlebnisse. Wir bleiben bei der gegenwärtigen Wirklichkeit und forschen mit Klarheit, Präzision und Unterscheidungsfähigkeit. Wir verhalten uns dabei offen gegenüber Neuem und Unerwartetem und können in uns unbekannte Welten eintreten, damit wir Neues sehen und überrascht werden. Besonders durch Überraschungen lassen sich neue, wichtige Einsichten gewinnen. Überraschungen sind ein Weg für unser Unterbewußtsein, neue Verbindungen herzustellen und sie uns bewußtzumachen.

Erklärungen führen zu Objektivität, zu Verallgemeinerung oder auch auf die Pfade der Vergangenheit, während Erforschen uns im momentanen, wechselhaften Erleben hält. Erklären ist nach außen gerichtet – eine zwischenmenschliche Handlung, die vor allem in unserem Kopf und unserem Denken konzentriert ist. Beim Erklären konzentrieren wir uns auf die Vergangenheit, das, was wir schon wissen, während wir uns beim Erforschen in einem neuen, sich aus der Gegenwart heraus entfaltenden Prozeß befinden.

Untersuchen und Erforschen sind nach innen gerichtete Reflexionen, die auch Unbewußtes zulassen. All das schließt unsere gegenwärtigen Erfahrungen, Empfindungen, Gedanken, Körpererfahrungen und unser Körperbewußtsein mit ein. Erforschen kann uns in Tiefen der Erkenntnis führen, die vom Erklären nie erreicht werden.

Ich möchte in ein vollkommen neues und wildes Land gehen. Ich will mich dort verlieren, inmitten von Auen, Schilf und wilden Gräsern, die ich noch nie berührte.

Henry David Thoreau

Ich habe das Gefühl, daß mein Boot
unten, in der Tiefe,
an eine große Sache gestoßen ist.
Doch nichts passiert!
Nichts ... Schweigen ... Wellen ...
Nichts geschieht! Oder ist alles schon geschehen,
und wir stehen schon jetzt, ganz ruhig,
im neuen Leben?

Juan Ramon Jimenez

Oft suchen wir Ablenkung oder Gewißheit durch Erklärungen, weil wir uns vor der Unsicherheit fürchten, die beim Erforschen entsteht. Wenn ich jemandem meine Gefühle über mein Leben erkläre, erfahre ich selbst nichts Neues von mir. Wenn ich jedoch meine Gefühle erforsche und in meinen Körper hineinspüre, kann ich von Neuem und Unerwartetem überrascht werden. Im Leben beständig nach neuen und immer tieferen Antworten zu forschen, erfordert viel Mut, Glauben und Selbstvertrauen.

Die Barriere zur Aufnahme

Unsere Blockade, etwas aufzunehmen oder anzunehmen, entsteht aus emotionaler Unsicherheit. Gefühle werden als »unberechenbar und unvernünftig« wahrgenommen. Insbesondere starke Emotionen wie Zorn, Haß und Wut werden als potentiell gefährlich angesehen. Es können jedoch auch Gefühle wie Liebe und Zärtlichkeit auf ihre Weise gefährlich erscheinen, da sie in der Lage sind, Abhängigkeit und Schwäche zu erzeugen. Die Barriere zur Aufnahme versucht, alle intensiven Emotionen zu vermeiden. Deshalb ist die Sucht nach Wissen in dieser Phase so groß.
Es gibt auch eine Furcht davor, schmerzhafte Empfindungen aus der Vergangenheit zu wecken. Die Furcht, alte, nichtgeheilte Wunden zu berühren und sie wieder empfinden zu müssen, ist ein Grund für diese Barriere. Ein wichtiger Punkt bei all dem ist, daß solche Bedenken und Befürchtungen zumindest teilweise auf Realitäten beruhen. Denn oft liegt der wirkliche Schmerz, der nur

zeitweise verborgen war, hinter der Barriere. Allerdings bringt die Vermeidung potentiell schmerzlicher Wirklichkeit keine Heilung.

Schmerzhafte Wirklichkeit zu vermeiden bringt keine Heilung.

Emotionale Aufnahmefähigkeit betrifft die Sinne Hören, Sehen, Empfinden und Fühlen. Sie alle sind potentielle Quellen, die uns aufnahmebereit für die Fülle des Lebens machen und uns wahrhaft nähren.
Unterstützung oder emotionale Stärkung anzunehmen ist ein wichtiges Thema in dieser Phase. Ob und wie wir mit potentieller Stärkung umgehen, die uns das Leben bietet, zeigt uns, wo wir bei dieser Barriere stehen. Frage dich selbst: »Welche verfügbare Unterstützung und Hilfe leugne oder blockiere ich?« und »Gibt es Unterstützung in meinem Leben, die für mich verfügbar wäre, die ich aber übersehe oder nicht annehme?«
Einstellungen, die Unterstützung blockieren, sind:

- Emotionale Stärkung als etwas Gefährliches ansehen.
- Innerliche Unterstützung für unmöglich halten.
- Angst davor haben, daß andere unsere Bedürfnisse ablehnen.
- Jede Notwendigkeit von Stärkung leugnen.
- Sich selbst als nicht »gut genug« einschätzen, um Unterstützung zu verdienen.

➤ **Übung: Die Aufnahmebarriere untersuchen:**

Laß dir etwas Zeit für diese Übung, und lies die folgenden Sätze einige Male in innerer Achtsamkeit. Achte darauf, wie du auf jeden einzelnen Satz reagierst:

☐ Du kannst bekommen, was du brauchst.
☐ Es ist in Ordnung, dich selbst zu versorgen.
☐ Du brauchst es nicht allein zu tun.
☐ Es gibt genug Unterstützung.
☐ Du brauchst niemanden zu beeindrucken.
☐ Deine Bedürfnisse sind wichtig.

□ Es gibt genug für dich.
□ Du kannst deiner eigenen Kraft vertrauen.

Beachte, welche Sätze dein Empfinden beeinflussen. Achte besonders auf die angeregten und distanzierten Reaktionen. Nimm dir etwas Zeit, in diese Reaktionen hineinzuspüren und um festzustellen, ob sie auf eine Barriere hindeuten. Einzelne Aspekte der Aufnahmebarriere können sich wie folgt ausdrücken:

- **Das Erleben der Barriere**

Ich kann Dinge besser allein tun; unerfüllte Bedürftigkeit; Leere; vom Leben überwältigt sein; Enttäuschung; ich habe keine Bedürfnisse, sondern ich helfe anderen bei ihren Bedürfnissen; Bedürfnisse sind demütigend und gefährlich; Unterstützung von anderen ist nicht zu trauen.

- **Mögliche Schwierigkeiten**

Depression; Einsamkeit; Verzweiflung; tiefer Sinn von Leere; Furcht vor Risiken im Leben; Hoffnungslosigkeit; Unentschlossenheit.

- **Die Barriere in Beziehungen**

Ich brauche Beziehungen; ich habe keine Wahl, ich muß nehmen, was ich bekommen kann.

Carla war eine meiner Klientinnen, die in ihrem Leben nie jene Aufmerksamkeit und Liebe bekommen hatte, nach der sie sich schon seit ihrer Kindheit sehnte. Auf ihrem Lebensweg suchte sie immer wieder nach Trost, Sicherheit und Unterstützung. In Beziehungen war sie sehr klammernd, insbesondere bei Männern. Sie fand es schwierig, sich mit ihren eigenen Gefühlen auseinanderzusetzen. Während der Therapie schien sie verführerisch, anspruchsvoll, geradezu nach Berührung hungernd und zugleich auslaugend. Sie brachte sich häufig in große Emotionen und hatte dennoch Schwierigkeiten, ihre Gefühle wirklich zu erleben. Häufig tauchten während der Therapiesitzungen dieselben Sorgen und Schmerzen auf. Es schien so, daß sie sich dadurch von einem vermuteten, tieferen Schmerz ablenken wollte.
Ein Aspekt der Therapie bestand darin, die Situation für sie so sicher wie möglich zu machen, damit sie den nötigen Mut entwickeln konnte, bei ihren Gefühlen zu bleiben und sie wirklich zu erleben. Nur allmählich lernte sie, auch das zu spüren und zu verstehen, zu akzeptieren und zu integrieren, was sie bisher gemieden hatte. Mit der Zeit schaffte sie es, ihre Gefühle präsent zu halten, sich Zeit für sie zu lassen und sie zu spüren.

Der Fortschritt für Carla bestand darin, daß sie endlich bereit war, sich selbst zu erleben und nicht mehr vor ihren Gefühlen davonzulaufen. Carla entwickelte mehr innere Stärke und die Fähigkeit, sich selbst, ihre Gefühle, ihre Einsichten und Lektionen im Leben offener zu erfahren. Allmählich entwickelte sie sich zu einer ruhigeren und zufriedeneren Person.

➤ Übung: Frühe Hilfe

Dein Verhalten zu innerer Stärkung und zum Nahrhaften beeinflußt jeden Aspekt deines Lebens. Nahrung ist hier im übertragenen Sinn zu sehen, als Metapher für Liebe, Hilfe und Unterstützung. Betrachte dein Verhalten in der Vergangenheit. Laß dir Zeit, um über die Antworten nachzudenken.

- ☐ Welche Beziehung hattest du als Kind zu Nahrhaftem?
- ☐ Was bekamst du als Kind von Mutter, Vater oder anderen an Nahrhaftem?
- ☐ War die Zuwendung, die du bekamst, für dich »nahrhaft«, oder mußtest du dich davor schützen?
- ☐ Bekamst du, was du brauchtest?
- ☐ Wie hast du reagiert, wenn du nicht bekamst, was du brauchtest?
- ☐ Wie war deine gesamte Einstellung zu Unterstützung und zu Nahrhaftem in deiner Kindheit?

Betrachte nun dein gegenwärtiges Leben:

- ☐ Wie wurde deine Fähigkeit, Nahrhaftes zu geben oder anzunehmen, durch Verhaltensmuster aus deiner Kindheit geprägt?

In der abendländischen Kultur sind Konflikte mit der Annahmebereitschaft ein durchgängiges Problem. Dieses Muster taucht in der klassischen europäischen Literatur wiederholt auf, auch bei Johann Wolfgang von Goethes »Faust«. Es ist immer gefährlich, eine komplizierte Arbeit auf eine einzelne Formel zu reduzieren, doch es kann sicherlich gesagt werden, daß Faust in der Bereitschaft zur Annahme steckenblieb. Kern der Tragödie ist der Pakt zwischen Faust und dem Teufel. Faust ist davon überzeugt, daß alle Mächte des Teufels nicht ausreichen, um einen Augenblick zu schaffen, bei dem er verweilen will. Faust wettet gegen die Möglichkeit, daß er jemals eine tiefe innere Fülle findet, die ihn befriedigen könnte.

All dies klingt nach einem augenscheinlichen Fall von Sucht nach Wissen – mit einem tiefen Mißtrauen gegen Emotionen. Fausts berühmter Ausspruch gegenüber Mephisto lautet:

»Werd ich zum Augenblicke sagen:
›Verweile doch! du bist so schön!‹
Dann magst du mich in Fesseln schlagen,
Dann will ich gern zugrunde gehn!«

Faust nimmt hier offensichtlich die Rolle eines Zynikers ein, der sein eigenes Leben abwertet. Vielleicht kann jedoch das Ergebnis für uns alle eine Hoffnung beinhalten, wenn selbst ein solch zynisches Herz am Ende der Tragödie doch menschlich wird und liebt.

In diesem Buch gibt es für die Augenblicke des Alltags eine Vielzahl von Gedichten und Geschichten. Wenn wir uns die Zeit nehmen, sie zu genießen, können sie guter Nährstoff für die Seele sein. Doch wenn wir sie nur lesen, um herauszufinden, was dahintersteckt, und versuchen, ihre Bedeutung zu verstehen, dann wird unsere Seele davon nicht genährt werden. Durch zuviel Logik übersehen wir die einfache Schönheit, das Gefühl, die Inspiration, die sich vor uns ausbreitet. Versuch es doch einmal mit folgendem Gedicht:

Manchmal gehe ich umher
ganz in Selbstmitleid,
und während der ganzen Zeit
trägt mich ein großer Wind durch die Lüfte.

Chippewa-Indianer

Wesentliche Eigenschaften von Aufnahmefähigkeit, Selbstwert und Wahrheit

Die Eigenschaften von Aufnahmefähigkeit, Selbstwert und Wahrheit gehören zum Bereich des Herbstes, zu Fülle und Reife. Wenn Aufnahmefähigkeit mit der Bereitschaft, sich zu freuen, verbunden ist, dann ist auch das Gefühl für Selbstwert nicht weit.

Damit unser Selbstwertgefühl gedeihen kann, hilft es, unseren angeborenen Fähigkeiten zur Selbstregulierung freien Lauf zu lassen. Es ist gut, sich daran zu erinnern, daß wir ein inneres Potential haben, das jederzeit bereit ist, sich zu entfalten. In allen Lebewesen, auch in uns, gibt es immer organische Entwicklungsmöglichkeiten. Manchmal ist es schwer, dem Fluß des Lebens zu vertrauen und sich dabei in guten Händen zu fühlen. Doch nicht nur altes Wissen ermuntert uns zu solchem Vertrauen, sondern auch ein so modernes Verständnis wie die Systemtheorie. Die Systemtheorie hat uns gezeigt, daß jedes System seine eigene Organisation und Ziele, also seine eigene Selbstregulierung, hat. Wir Menschen sind sehr komplexe Systeme mit vielen offenen und verdeckten Potentialen. Doch egal wie unfähig oder tüchtig wir sind, wir – und nur wir – sind die einzigen Experten für unser Leben.

Die meisten Schriftsteller betrachten die Wahrheit als ihren wertvollsten Besitz, deshalb gehen sie so sparsam damit um.

Mark Twain

Unsere eigenen Antworten sind schon vorhanden. Doch die meisten von uns haben die Bereitschaft oder die Fähigkeit verloren, sich nach innen zu wenden und dort tief hineinzuhören, um festzustellen, wo sie sind. Außerdem haben viele Menschen das Vertrauen in ihre eigene Kompetenz verloren, das Vertrauen in ihre eigene Wahrheit. Es ist verständlich, daß es in dieser komplexen Welt zu einfach scheint, auf unsere eigene, innere Weisheit zu vertrauen. Doch was sollte es sonst geben? Die erschreckende und auch befreiende Tatsache ist, daß niemand anderes die Antworten für uns hat. Kaum jemand hat genügend Antworten für sich selbst, und niemand hat alle Antworten zu den großen Fragen des Lebens. Das bringt uns miteinander in dieselbe Ausgangssituation: Wir müssen alle mit unseren eigenen Antworten leben.

Niemand anders hat die Antworten für uns.

Als der Psychologe Abraham Maslow darauf hinwies, daß wir eine Tendenz zur Selbsterkenntnis in uns haben, verwies er auch auf unsere Fähigkeit zu organischer Ganzheit. Es gibt ein Wissen in uns, das uns zur Ganzheit leitet. Wenn wir auf uns hören und danach leben können, dann kommen wir mehr und mehr zum Einklang mit unserer organischen Selbstregulierung. Dann wissen wir, daß wir am richtigen Ort sind.

➤ Übung: Das Wesen der Essenz erleben

Suche dir einen ruhigen, ungestörten Ort aus. Entspanne dich und komme zu dir.

- □ Erinnere dich an eine Zeit, wo du den Eindruck hattest, ganz du selbst zu sein. Suche dir eine Situation aus, in der du ganz zu deiner Wahrheit gestanden hast. Oft ist die Empfindung von Übereinstimmung und Integrität Teil einer solchen Erfahrung.
- □ Laß die Situation lebendig und wiedererlebbar werden.
- □ Bleibe in dieser Stimmung für drei bis fünf Minuten.
- □ Achte darauf, wie dein Körper reagiert.
- □ Woran erkennst du, daß du in deiner Wahrheit bist?
- □ Denke an eine Situation in deinem Leben, in der es wichtig ist, daß du bei deiner Wahrheit bleibst.
- □ Achte darauf, wie du auf diese Situation reagierst, jetzt, wo du in der Wahrheit verankert bist.

> Die tiefsten Worte der Weisen lehren uns das gleiche wie das Pfeifen des Windes, wenn er bläst, oder der Klang des Wassers, wenn es fließt.
>
> *Antonio Machado*

Die Tatsache, daß wir gelegentlich verwirrt oder unsicher sind, stellt diese Fähigkeiten nicht in Frage. Ganz im Gegenteil – Verwirrung und Infragestellung sind ein natürlicher Teil jeder Neugestaltung. Innerhalb vernünftiger Grenzen ist ein zeitweiliges Durcheinander das beste Merkmal für die Veränderungen, die uns zur Verfügung stehen.

Verwirrung und Infragestellung sind der natürliche Teil jeder Neugestaltung.

Ein Gesang der nordamerikanischen Ute-Indianer fordert uns auf, wieder das zu lernen, was die Natur weiß und was unsere eigene Natur auch besitzt – ganz gleich, wie schwach es zu erkennen ist.

Erde, lehre mich Stille
wie Gras, das ruhig ist im Licht.
Erde, lehre mich leiden
wie alte Steine, die an Erinnerungen leiden.
Erde, lehre mich Bescheidenheit
wie Blüten, die ein demütiger Anfang sind.
Erde, lehre mich Mut
wie der Baum, der alleine steht.
Erde, lehre mich, mich zu vergessen
wie geschmolzener Schnee, der sein Leben vergißt.

Gesang der Ute-Indianer

Es gibt in jedem von uns eine verborgene Quelle von Wahrheit. In gewissem Grade unterscheiden wir alle, was für uns und unser Leben gut ist. Wenn wir mit der inneren Wahrheit verbunden sind, finden wir einen Weg für unser Leben, der uns gerecht ist. Wenn wir die Orientierung auf unserem eigenen Weg verloren haben, zeigt sich dies in Unzufriedenheit, Abgehobenheit und Selbstzweifel. Dann ist es Zeit, innezuhalten und nachzuspüren.

Ich, der weiß und nicht weiß, daß ich weiß:
Ich schlafe.
Laß mich einswerden, ganzwerden.
Laß mich aufwachen.

Nach der Ridhwan-Schule, Diamond-Heart-Retreat

Mit dir selbst Mitgefühl empfinden zu können ist lebenswichtig.

Charles Tart

Es gibt viele Gelegenheiten, berührt zu werden. Die wichtigste Voraussetzung ist, daß du offen bist.

➤ Übung: Zufriedenheit erfahren

Setz dich allein an einen ruhigen Platz und plaziere ein Kissen vor dich.

- ☐ Stell dir vor, etwas darauf zu legen, was dich zutiefst befriedigt.
- ☐ Beobachte jeden Widerstand oder Überschwang der Gefühle. Bleibe neugierig auf das, was geschieht.
- ☐ Greife mit deinen Händen in Richtung des Objekts, und stell dir vor, du würdest seine Oberfläche berühren.
- ☐ Achte darauf, ob und wie du die Berührung durchführst. Was passiert in dir? Bist du offen, fällst du Werturteile?
- ☐ Nimm das Objekt an dich, und wenn du willst, nimm es in dich hinein.
- ☐ Beobachte, wie weit du gehst. Wieviel Befriedigung läßt du zu, wieviel kannst du ertragen? In welche Regionen deines Körpers nahmst du die Befriedigung auf? Fühlst du es noch? Wie ist es?

Draußen, jenseits der Vorstellungen von Richtig und
Falsch, gibt es einen Ort. Dort werde ich dich treffen.
Wenn die Seele dort im Gras liegt,
ist die Welt zu erfüllt, um darüber zu reden.
Ideen, Sprache, selbst die Worte »wir beide«
haben da keinen Sinn.

Rumi (1207-1273)

Eigenschaften der Jahreszeit des Genießens und des Aufnehmens

- Jahreszeit: Herbst
- Richtung: Westen
- Eigenschaften der Jahreszeit: Fähigkeit zur Zufriedenheit, Sinnlichkeit und Selbstbeobachtung
- Transkulturelle Lebensweisheit: Sage die Wahrheit ohne Schuld oder Scham
- Intelligenz: Entwickle die volle Fähigkeit deines Körpers. Nutze die Sinne, Gefühle und Impulse als Intelligenz, die von deinem Körper kommt.
- Sucht: Die Sucht nach Wissen. Dies ist der Zustand, im Ego verlorenzugehen und vom Leben abgetrennt zu werden.
- Barriere vor der inneren Fülle: Emotional unerreichbar sein; unfähig, Emotionen aufrechtzuerhalten, um sie zu verarbeiten
- Wirkungsumfang der Barriere: Die nicht integrierte Dualität: emotional offen – emotional verschlossen
- Glaubenssätze der Barriere: Es lohnt sich nicht. Mach langsam. Verbrauche deine Stärke nicht. Es ist allen anderen sowieso egal. Es sind nur Gefühle, die gehen vorbei. Gefühle sind irrational.
- Zu entwickelnde persönliche Eigenschaften: Emotionale Aufnahmefähigkeit, die Fähigkeit, Beziehungen zu erhalten
- Wachzurufende essentielle Eigenschaften: Genuß, Selbstwertgefühl, Wahrheit
- Persönliche Entwicklungsaufgabe: Umfassend spüren; Gefühle weder leugnen noch schnell abtun, sondern sie erhalten und umfassen
- Körperliche Aufgabe: Volle Verkörperung unseres ganzen Seins; ganz bei der gegenwärtigen Erfahrung bleiben; Gegenwart entwickeln; den Körper als etwas erleben, in dem wir Erfahrungen spüren und fühlen können
- Leitende Eigenschaften: Tendenzen und Fähigkeiten der Selbstregulierung aktualisieren; organisch sein
- Entwicklungsziel: Tun, Hervorbringen
- Lernen: Ernten, Unterscheiden, Stärkung
- Medizinrad: Erfahrung, Selbstbeobachtung, Kraft
- Fünf-Elemente-Theorie: Metall – entstehendes Yin
- Lebensphase: Erwachsen sein

7 Die Jahreszeit des Loslassens

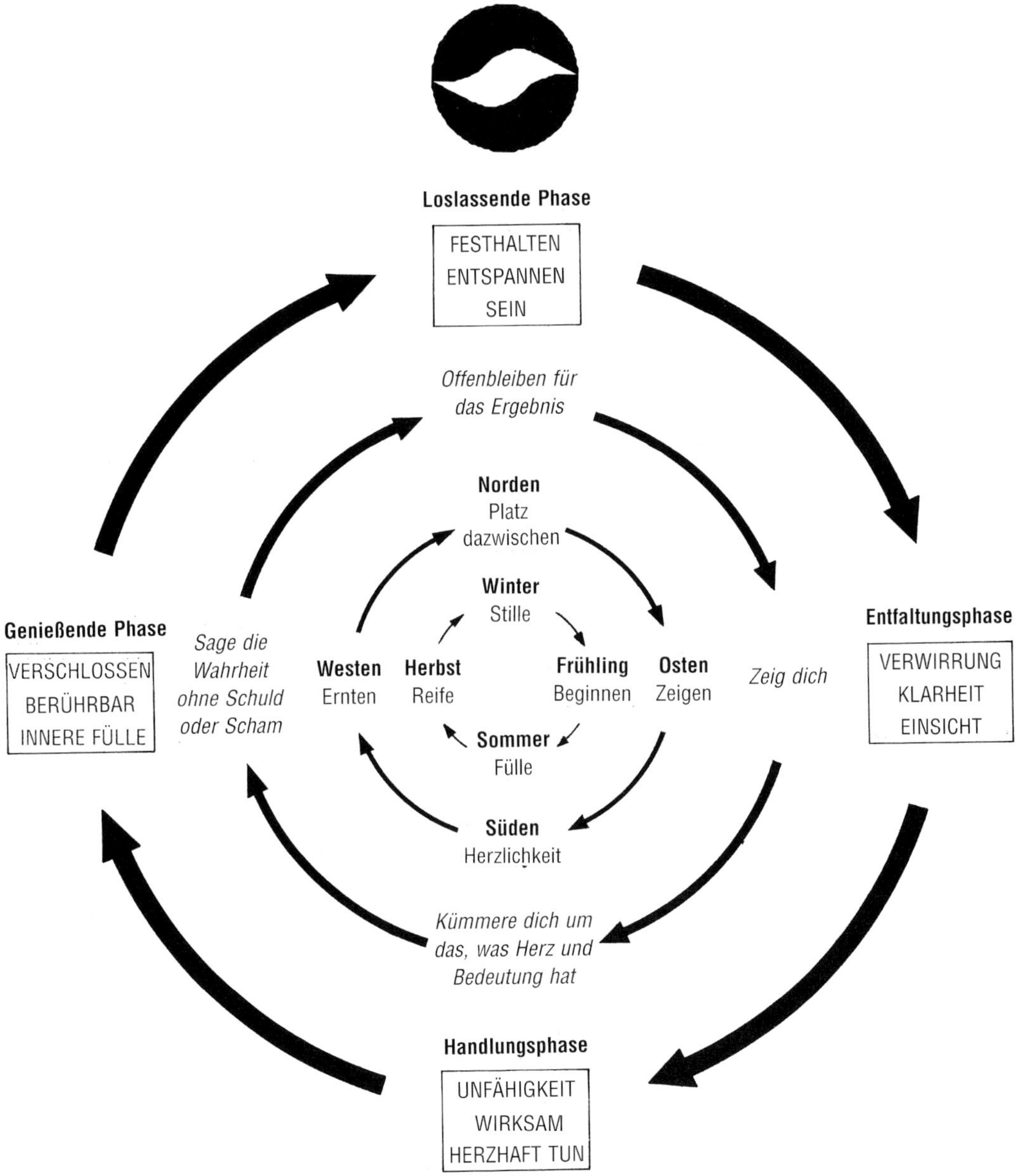

Vom Genuß zum Loslassen

Einer meiner Klienten kämpfte mit einem schwierigen, aber verbreiteten Problem beim Loslassen. Er wechselte ständig von Beziehung zu Beziehung, immer auf der Suche nach einer noch schöneren, perfekteren und aufregenderen Partnerin. Zu seiner eigenen Verwunderung fand er zwar mehrmals die »Perfekte«, doch die Beziehungen waren nicht von Dauer. Sobald der Reiz des Neuen nachließ, kehrte er zu alten Verhaltensmustern zurück und begann, erneut zu suchen. Schließlich begriff er sein Problem: Er konnte die Liebe, die er bekam, nicht zurückgeben. Wir fanden heraus, daß er sich selbst für nicht liebenswert hielt. Diesen Glauben mußte er überwinden, bevor er Liebe von anderen zulassen konnte.

Loslassen und Freigeben sind elementare Fähigkeiten, die wir im Leben brauchen. Manchmal müssen wir in uns selbst etwas loslassen, wie beispielsweise den genannten Glauben an das Ungeliebtsein. In anderen Fällen müssen wir bereit sein, ein Projekt aufzugeben, einen Prozeß zu beenden oder eine Person freizugeben.

Jeder Prozeß erreicht einen Punkt der Vollendung. Dies trifft auf so etwas Einmaliges wie unser Leben ebenso zu wie auf etwas Einfaches wie das Annähen eines Knopfes. Die Vollendung zu erkennen, in der Lage sein, loszulassen und seinzulassen, ist eine wichtige Fähigkeit. Wir müssen wissen, wann und wie wir aufhören, loslassen, langsamer werden, uns ausruhen. Ohne diese Einsicht hängen wir uns leicht an etwas, was schon lange vorbei und vollendet ist. Zwischenmenschliche Beziehungen sind besonders anfällig für solch zwanghaftes Festhalten.

So schwer das Loslassen im Leben sein kann, so leicht geschieht es mitunter bei ganz alltäglichen Arbeiten: bei der Gartenarbeit beispielsweise setzt Entspannung häufig ganz spontan ein.

Schauen wir uns solch einen Kreislauf einmal genauer an. Der Zyklus beginnt damit, sich daran zu erinnern, heute zu einer ganz bestimmten Zeit den Rasen mähen zu wollen (entfaltende Phase), dann führt man diesen Plan aus (handelnde Jahreszeit), schließlich packt man die Gerätschaften wieder zusammen und betrachtet das Getane mit Befriedigung (genießende Jahreszeit). Zum Schluß entspannt man sich und sammelt neue Energie (loslassende Jahreszeit), bevor es zu anderen Aufgaben weitergeht.

Der Winter, der uns nach innen zwingt, kommt zu uns. Der Mensch muß sich hinsetzen und sich besinnen.

Henry David Thoreau

Ein guter Reisender hat keine festen Pläne und ist nicht auf das Ziel fixiert.
Ein guter Künstler folgt seiner Intuition, wo immer sie auch hinführt.
Ein guter Wissenschaftler befreit sich von vorgefertigten Konzepten
und hält seinen Verstand offen.
So stehen die Meister allen zur Verfügung, sie lehnen niemanden ab.
Sie sind bereit, alle Gegebenheiten zu nutzen, nichts zu verschwenden.
Das ist es, was »Verkörperung der Erleuchtung« genannt wird.

Laotse

Durch Ruhe, Entspannung und Reflektieren lernen wir loszulassen, was vergangen ist, um uns neu aufzuladen. Entspannung gehört zur Vollendung einer Sache und bereitet uns vor zur Neuorientierung auf das nächste.
Entspannung reduziert Ablenkungen und senkt den »inneren Lärm«, sie macht uns empfindsamer und läßt mehr Informationen zu. Es ist dies ein Weg, sich zu öffnen und Neues hereinzulassen.

Vollende eine Sache, und widme dich erst dann der nächsten.

Alter ist nicht schlecht, wenn man die Alternativen betrachtet.

Maurice Chevalier

Für die Phase des Loslassens können die Lektionen und Qualitäten des Winters unser Leitfaden sein. Es ist die Jahreszeit des Nordens, die kalte, nasse und dunkle Zeit. Winter gehört zur Zeit des Todes und der Unterwelt. Es ist das Reich der Samen, der geheimnisvolle und unsichtbare Bereich, die dunklen Stunden vor Mitternacht.
Die transkulturelle Lebensweisheit lautet hier: »Sei offen für das Ergebnis.« Anders gesagt: »Bereite alles so gut wie möglich vor, dann aber lehne dich zurück, und erlaube den Ereignissen, sich zu entfalten.« Tu dein Bestes, um den richtigen Kurs zu setzen und im Wind zu segeln. Doch dann ist es Zeit, loszulassen und für das Endresultat aufnahmebereit zu sein.

Winter ist die Jahreszeit der Integration, eine Gelegenheit, die Dinge zurechtzurücken. Durch die Entspannung schaffen wir einen Zustand, in dem sich Erfahrungen innerlich ordnen können. Statt unseren aktiven Willen einzusetzen, um alles unter Kontrolle zu haben, lösen wir unsere Anspannung und erlauben unserer Seele, ihre eigene Ordnung zu schaffen. So kultivieren wir das Feld des Seins.

Der vollständige Kreislauf

Wir befinden uns in der letzten Phase, der Jahreszeit des Loslassens, und können nun den gesamten Fluß betrachten, den der Zyklus des Wandels hervorbringt. Stell dir einen Baum vor, der aus einem winzigen Samen zu einem großen Lebewesen wurde, der wächst, um wieder Samen zu geben und schließlich zu sterben und zu zerfallen. Alles in uns und um uns herum durchläuft solche jahreszeitlichen Phasen.

Hermann Hesse beschrieb in seiner Kurzgeschichte »Die Stadt« wie beispielsweise ein Ort das jahreszeitliche Muster durchläuft: Die Geschichte beginnt mit der entfaltenden Jahreszeit, als in der Gegend Gold entdeckt wird. Der Same zur Stadt beginnt zu wachsen, indem Menschen von der Vision angezogen werden, die das Gold mit all seinen Möglichkeiten bildet.

Während der handelnden Jahreszeit steht die Stadt in voller Blüte. Geschäfte und Künste gedeihen, und die Stadt entwikkelt ihre Identität. Doch als die Rohstoffe der Region erschöpft sind, wird die Entwicklung langsamer.

Die alte Herrlichkeit hält sich noch einige Zeit, aber die jüngere Generation zieht in ferne Länder, in der neue Reichtümer und Möglichkeiten locken. Dies ist die Jahreszeit der letzten Reife. Jetzt wird das Leben geruhsamer. Durch die letzten Poeten, Schriftsteller und Künstler lebt die alte Stadt noch einmal auf in ihrer Romantik und Geschichte. Nachdem die Blüte des Handels vorbei ist, tritt noch einmal die Schönheit der Gebäude, Alleen und Landschaft in den Vordergrund. Die Stadt spürt ein letztes Mal den alten Ruhm.

Die Jahreszeit des Loslassens wird durch ein Erdbeben eingeleitet. Obwohl die Stadt verschont bleibt, verändert der Fluß sein Bett, und die Stadt wird von Sumpf umgeben. Schließlich verlassen selbst die letzten Vagabunden die Stadt, während Hauswände einstürzen und Gras durch die Ritzen des Asphalts wächst. In den folgenden Jahrhunderten wird die Erinnerung an die Stadt zu einer Legende und schließlich bleibt von der einst ruhmreichen Stadt nur noch eine vage Volkssage in einigen obskuren Büchern. So vollendet sich der Zyklus der Wandlung durch die Kraft der Natur.

➤ **Übung: Ein ganzer Kreislauf in deinem Leben**

- ☐ Denke über deine unmittelbare Vergangenheit nach.
- ☐ Finde ein Thema oder Ereignis, das durch alle Phasen des Kreislaufs der Jahreszeiten ging.
- ☐ Was bemerkst oder fühlst du, wenn du einen solchen vollständigen Kreislauf betrachtest? Notiere deine Überlegungen.
- ☐ Überprüfe zum Vergleich deine unmittelbare Vergangenheit, und betrachte ein Ereignis, von dem du nicht loslassen kannst.
- ☐ Wie ist es für dich, wenn du den Unterschied zwischen einem unvollendeten und einem vollständigen Kreislauf wahrnimmst? Mach dir Notizen.

Gehenlassen und Seinlassen

Selbst wenn für viele von uns das Gehenlassen und Seinlassen recht einfach und mühelos vonstatten gehen mag, so dürfen wir dennoch nicht vergessen, wie tief die Anstrengung in uns allen verwurzelt ist. Anstrengung und Bemühen ist ein ständiger Teil von uns, und es scheint, als könnten wir nicht ohne sie sein. Ständige Anstrengung führt jedoch zu vielerlei Anspannung und auch zu Spannung im Körper, die unsere Empfindungsfähigkeit reduziert. Anspannung ist ein Weg, den Kontakt mit unserem Inneren zu vermeiden, aus der Angst, persönliche Schwächen oder Widersprüche zu entdecken. Durch Anspannung vermeiden wir, mit der Leere oder dem Schmerz des Lebens konfrontiert zu werden. Verspannung bewirkt ein reduziertes Sein. Im Alltagsleben begegnet uns dies offensichtlich und häufig. Wenn wir kein Gefühl für Freiraum in unserem Leben haben, können sich Herz und Geist nicht voll entfalten.

Die Aufrechterhaltung von Kontrolle führt schließlich zu einem Perfektionszwang. Wenn wir tief genug in unseren inneren Freiraum vordringen, können wir andererseits entdecken, daß dort keine beängstigende Leere, sondern eine ruhige und beständige Kraft existiert. Auf diese Weise ist der Vorgang der Entspannung im wesentlichen ein Reinigungsprozeß. Wir entspannen unsere Kontrolle über das ganze Durcheinander, das uns beständig beschäftigt, und lassen Freiraum zu. Dies ist der Schritt vom Gehenlassen zum Seinlassen, ein Zustand der Offenheit, in dem größere Aufnahmefähigkeit und Friedfertigkeit möglich sind.

Verspannungen bewirken reduziertes Sein.

Der Kernglauben

Strukturen, die uns zur Anstrengung drängen, bilden sich aus dem Kernglauben der Persönlichkeit. Es handelt sich um unbewußte Muster und Leitsätze, die sich an veraltete Wahrnehmungen klammern. Diese Überzeugungen bleiben im Hintergrund und bestimmen dennoch, wie wir die Wirklichkeit wahrnehmen. Sie programmieren uns in einer ganz speziellen Weise, ohne daß wir uns dessen bewußt sind. Die grundlegenden Überzeugungen sind jene Masken, die wir uns jeden Tag aufsetzen, um in der Welt zu bestehen. Unsere Weltanschauung, welche die Vielzahl der Gedanken, Handlungen und Eindrücke steuert, arbeitet beständig, aber meist unbemerkt im Hintergrund. Aus diesem Material wird unser Charakter geformt.

Ich möchte in diesem Zusammenhang eine Episode schildern, die im Tagebuch des Weltumseglers Magellan festgehalten wurde. Magellan, der nach einem kürzeren Weg zu den Gewürzinseln suchte, war der erste Europäer, der im 16. Jahrhundert die Passage um Südamerika herum zum Pazifik fand. Obwohl er in den Philippinen einen zu frühen Tod erlitt, weil er gegen eine Übermacht von

Eingeborenen ankämpfte, hatte er zuvor auch viele erfreuliche Begegnungen mit Ureinwohnern, die nie zuvor einen Europäer gesehen hatten. In seinem Tagebuch hielt er den »ersten Kontakt« mit Eingeborenen in Südamerika fest.
Die Einwohner hatten noch nie ein Segelschiff gesehen. Nach einiger Zeit bemerkte Magellan, daß sie seine vier Schiffe überhaupt nicht wahrnahmen, obwohl sie mitten in der Bucht lagen. Alles, was sie sahen, war etwas Kanuähnliches, doch die Segelschiffe konnten sie nicht »erkennen«. In ihrer Grundüberzeugung gab es nur Kanus, und deshalb war es ihnen nicht möglich, etwas anderes wahrzunehmen. Nur der Schamane ihres Stammes war in der Lage, die Schiffe korrekt zu sehen, und schließlich brachte er dies auch allen anderen bei.

Glaubenssätze bestimmen, was wir sehen, denken und fühlen.

Ich frage mich oft, wie viele Segelschiffe sich wohl hinter den vielen »Kanus« meines Lebens verbergen mögen?! So, wie die Eingeborenen brauche auch ich häufig Hilfe von Außenstehenden, um darauf hingewiesen zu werden. Die Macht unseres Grundglaubens ist stark. Deshalb ist es wichtig, ihn immer wieder auf den neuesten Stand zu bringen, um besser an die Realität angepaßt zu sein. Meist stimmt, daß das, was wir in der Welt sehen, den anderen mehr darüber sagt, wer wir sind, als daß es uns beschreibt, wie die Welt tatsächlich ist.
In der folgenden Übung können wir Mustern und Einflüssen des Kernglaubens auf die Spur kommen.

Der Tau fällt. Tropfen um Tropfen – ich würde, wenn ich könnte, eintauchen und die Welt wegwaschen.

Matsuo Basho

➤ Übung: Kernglauben

Schritt 1

☐ Notiere so viele deiner Erlebnisse des heutigen Tages wie möglich. – Lies erst dann weiter.

☐ Schau dir die Liste an und prüfe, welche Erlebnisse du notiert hast. Kannst du ein Muster entdecken? Es könnte beispielsweise darin bestehen, daß die meisten Erfahrungen aufregend waren, sich auf andere Menschen beziehen, mit Gefühlen zu tun haben und so weiter. Notiere all diese Muster, bevor du weiterliest.

Grundüberzeugungen sind folgendermaßen zu erkennen: Es handelt sich um unbewußte Haltungen und Wahrnehmungen, von denen aus du dich selbst und dein Leben siehst und beurteilst. Diese Glaubenssätze sind entweder schwarz oder weiß und enthalten häufig solche Worte wie »immer« oder »nie«. Einige Beispiele: Wenn es darauf ankommt, mache ich *immer* das Falsche. Mein Leben ist verhext. Die Welt ist grausam. Ich bekomme *nie* das, was ich will, es sei denn, durch harte Arbeit.

☐ Schaue nun deine Liste noch einmal an. Die Tatsache, daß du eine bestimmte Gruppe von Erfahrungen ausgesucht hast, ist in sich selbst bedeutungsvoll. Siehst du ein Muster?

Schritt 2

☐ Schaue dir jedes Muster einzeln an und überlege, auf welchen unbewußten Kernglauben sie zurückzuführen sind. Vermutlich hast du aus Hunderten von Erfahrungen nur eine bestimmte Gruppe ausgewählt.

☐ Überprüfe alle Glaubenssätze. Registriere, wie viele von diesen unbewußten Leitsätzen hemmend und einschränkend wirken. Registriere auch die lebensbestätigenden, Offenheit und Spontaneität fördernden Leitsätze.
Üblicherweise wirst du mehr oder fast ausschließlich hemmende Glaubenssätze notiert haben. Wenn dies zutrifft, dann vollende die Übung mit dem nächsten Schritt.

☐ Wenn du überwiegend hemmende Grundsätze aufgeschrieben hast, dann schau dir die Materialien der Übung noch einmal an, und finde weitere Erlebnisse von lebensbejahenden Grundüberzeugungen, damit du eine etwa gleichgroße Zahl von beiden hast.

☐ Wenn du deine Antworten betrachtest, wirst du feststellen, daß die hemmenden Grundsätze mehr von der Persönlichkeit und dem Ego bestimmt werden und den Charakter von Einschränkung und Beschränkung haben. Die lebensbejahenden Grundsätze sind von der Essenz und dem Wesen inspiriert, sie bringen Spontaneität, Lebendigkeit und Kreativität mit sich.

Eine wichtige Aufgabe im Leben besteht darin, Licht in die dunklen Ecken der Glaubenssätze zu bringen. Nur dann können wir ein bewußteres Leben führen. Auf dieser Reise zu mehr Bewußtsein über unsere eigenen Muster werden wir

auch glaubwürdiger. Die Glaubwürdigkeit für uns und für andere nimmt zu, weil wir und unsere Handlungen integer, erkennbarer und verständlicher werden. Polaritäten und Widersprüche unseres Lebens lassen sich besser integrieren. Das heißt nicht, daß wir ohne Eigenarten oder Merkwürdigkeiten bleiben, doch sie werden nicht vollkommen unerwartet oder bedrohlich auftauchen.
Indem wir uns über unsere Kernglaubenssätze bewußt werden, verringern sich die Kämpfe im Innern. Wenn innerlich mehr Klarheit und Ruhe eintritt, sind wir in der Lage, eine vertrauenswürdige innere Autorität aufzubauen. Sobald dies geschehen ist, kann sie auch im äußeren Leben auf natürliche Weise gelebt werden.

Innere Autorität

Wirkliche innere Autorität beruht auf einem Zustand innerer Fülle. Diese Art von Autorität kann innere Kräfte so leiten, daß gezielte und effektive Handlung möglich wird. Was auf die innere Autorität zutrifft, gilt jedoch auch für Leitfunktionen im äußeren Leben. Wir alle haben eine gewisse Autorität im Leben und nehmen leitende Positionen ein – sei es in unserer Familie, mit Freunden, bei der Arbeit oder zumindest beim Leiten unserer inneren Stimmen. In meiner therapeutischen Praxis berate ich sowohl einzelne als auch Gruppen. So, wie sich der einzelne in der Arbeit damit beschäftigt, sich mit der Ganzheit seiner Potentiale zu entwickeln, so ist es auch mit der Gruppenarbeit. Deshalb nenne ich dies »GanzheitGruppenProzeß«, was bedeutet, daß das Potential und die Kreativität der gesamten Gruppe genutzt wird, auch wenn es um die individuellen Probleme der einzelnen Mitglieder geht. Dieselbe Vorgehensweise ist auch wirksam für unsere »innere Gruppe«, denn die Prinzipien von Gruppenleitung und innerer Autorität ähneln sich sehr. Wir benötigen eine innere Autorität, die mit unseren inneren Stimmen gut umgehen kann.
Es ist förderlich, wenn wir Klarheit über unseren Lebensweg haben, somit auch eine klare Richtung und konzentrierte Leitung geben können und gewillt sind, die Verantwortung für unsere Autorität zu übernehmen.
Innere Autorität, die auf der Autorität anderer aufbaut und sie mit einschließt, ist kraftvoll. Im praktischen Sinn heißt das, daß wir auf unsere inneren Wünsche, Hoffnungen, Ängste, Ideen und vieles mehr hören müssen. Doch es bedeutet nicht, sie vollends auszuleben, sondern sie wahrzunehmen und ihnen Beachtung zu schenken. Die so gewonnene innere Klarheit und Ruhe harmoniert mit der Jahreszeit des Loslassens.

Die Sucht nach Perfektion

Zwei Freundinnen unterhielten sich, und eine sagte: »Jetzt, wo ich gerade selbst heirate, frage ich mich, ob du auch schon daran gedacht hast?« Die Freundin antwortete: »Ja, ich hatte schon einmal geplant, zu heiraten – als ich noch jünger war. Ich wollte für mich den perfekten Partner finden. Während meiner Reisen suchte ich immer nach dem Richtigen. Im Osten traf ich einen sehr attraktiven Mann, der gütig, großzügig und sehr klug war. Doch er hatte kein finanzielles Fundament. Später, im Westen, traf ich einen Mann, der sowohl geistvoll und weltgewandt war, schön, reich und charmant, doch nicht sehr mitteilsam. Schließlich traf ich ihn in einem kleinen Dorf. Er hatte Geistestiefe, war kraftvoll und in jeder Weise attraktiv, scharfsinnig die Welt durchschauend und auch voller Inspiration. Ich spürte, daß ich den perfekten Mann gefunden hatte.« Die Freundin fragte weiter: »Und doch hast du ihn nicht geheiratet?« »Er«, sagte sie, »wartete selbst auf die perfekte Frau.«

Die Sucht nach Perfektion verneint eine grundlegende menschliche Eigenart, nämlich die, Fehler zu machen. Einer unserer positiven menschlichen Wesenszüge ist es jedoch, aus Fehlern zu lernen. Wenn wir der Sucht nach Perfektion verfallen, verlieren wir unsere Menschlichkeit. Denn Menschsein bedeutet nicht im Sinne einer fehlerfrei funktionierenden Welt perfekt zu sein.

Unsere Fähigkeit, aus Fehlern zu lernen, ist eine der besten menschlichen Eigenschaften.

Diese Sucht bringt uns dazu, das Erscheinungsbild für wichtiger zu halten als unsere Menschlichkeit. Wir leugnen unsere Menschlichkeit, wenn wir andere Menschen oder Teile in uns selbst ablehnen, weil wir sie als nicht perfekt genug betrachten. Wir strengen uns oft sehr an, um Liebe und Respekt zu »verdienen«. Im Regelfall arbeiten wir angestrengt, um durch Korrektheit, Aktivität und Produktivität Anerkennung zu bekommen, statt langsam zu agieren und uns in unsere Gefühle zu versenken und Werte in uns zu finden.

Die Vollendungsbarriere

Die Vollendungsbarriere entsteht, wenn wir etwas nicht gehenlassen können. Es gibt viele Möglichkeiten, zu lange festzuhalten. Oft resultieren sie aus dem Wunsch, Leere und Unzulänglichkeit zu überdecken, auch wenn wir loslassen wollen. Gibt es in deinem Leben etwas, das du nicht gehenlassen kannst? Betrachte die folgende Geschichte.

Von plötzlichem religiösen Eifer übermannt, eilt der Rabbi in der Synagoge nach vorn. Er fällt auf die Knie, schlägt sich an die Brust und ruft laut: »Ich bin ein Nichts, ich bin ein Nichts.«
Der Schüler des Rabbi wird von diesem Beweis religiöser Demut und Selbsterkenntnis mitgerissen. Auch er kniet nieder, schlägt sich auf die Brust und ruft: »Ich bin ein Nichts, ich bin ein Nichts.«
Der Hausmeister beobachtet die religiöse Inbrunst mit Verwunderung. Doch nach einiger Zeit wird selbst er erfaßt, schließt sich an, fällt auch auf die Knie und ruft: »Ich bin ein Nichts, ich bin ein Nichts.«
Da schaut der Rabbi seinen Schüler an und flüstert ihm zu: »Schau dir nur an, wer jetzt plötzlich denkt, daß er nichts sei!«

Die Vollendungsbarriere zeigt sich auf folgende Weise:

- Etwas nicht zu vollenden, weil es schwerer ist, loszulassen und sich zu entspannen, statt geschäftig und konzentriert weiterzumachen.
- Zu handeln, um dadurch innerlich die Bedürfnisse, Wünsche und Schmerzen nicht zu empfinden.
- Liebe und Anerkennung der anderen zu verdienen, indem man viel für die anderen tut, um sich selbst zu beweisen.
- Die Schwierigkeit zu akzeptieren, um seiner selbst willen geliebt zu werden und nicht nur für die Dinge, die man tut.

Wenn wir in der Vollendungsbarriere gefangen sind, beherrscht uns oft das Gefühl, zu wenig Kraft zu haben, um Dinge zu vollenden. Deshalb brechen wir eine Sache ab oder beginnen erst gar nicht damit. Wir vertrauen nicht auf unsere eigene Stärke oder auf die Hilfe, die wir von anderen bekommen können.

➤ Übung: Die Barriere zur Vollendung untersuchen

Lies die folgenden Sätze einige Male langsam in innerer Achtsamkeit. Achte auf deine geistigen, körperlichen und emotionalen Reaktionen bei jedem einzelnen Satz:

- ☐ Du bist liebenswert, so wie du bist.
- ☐ Du mußt nichts tun, um zu gefallen.
- ☐ Es ist in Ordnung, Unterstützung zu geben und zu bekommen.
- ☐ Deine Gefühle verdienen Beachtung.
- ☐ Es gibt Hilfe, um deinen Weg zu finden.
- ☐ Du mußt jetzt nichts tun.
- ☐ Es ist in Ordnung, Fehler zu machen.
- ☐ Du kannst dich ausruhen.

Stelle fest, welche Sätze dein Empfinden beeinflussen. Achte insbesondere auf die angeregten und distanzierten Reaktionen. Nimm dir etwas Zeit, in diese Reaktionen hineinzuspüren, um festzustellen, ob sie auf eine Barriere hindeuten. Die folgenden Beispiele schildern einige Hauptelemente der Vollendungsbarriere.

- **Das Erleben der Barriere**

Zuflucht nehmen in Handlung; unendliche Listen und Aufgaben; Schwierigkeit, ein Ende zu finden; das Leben ist ein unendliches Problem, das gelöst werden muß; das Leben gleicht einem endlosen Drama; das schmerzende Herz muß verborgen bleiben; Probleme mit Entspannen und Loslassen.

- **Mögliche Schwierigkeiten**

Streß, mögliche Herz- und Kreislaufprobleme, Müdigkeit und/oder Schlaflosigkeit, Perfektionismus; Zwänge; überall Probleme sehen.

- **Die Barriere in Beziehungen**

Beziehungen sind etwas, das man verstehen und klären muß. Beziehungen brauchen immer mehr Arbeit und sind Arbeit.

Eine meiner Klientinnen, wir nennen sie Vera, wurde von dem Zwang getrieben, sich andauernd beweisen zu müssen. Soweit man es von außen beurteilen konnte, hätte Vera glücklich sein müssen. Sie war intelligent, finanziell unabhängig, sah gut aus und führte mit Mann und Kindern ein zufriedenes Familienleben. Im gängigen Sinn war es ein »gutes Leben«, hätte sie nicht an Lupus

gelitten, einer jener komplexen Krankheiten des Autoimmunsystems, die vor allem Frauen in der Mitte des Lebens befällt. Vera begann auf Empfehlung ihres praktischen Arztes eine Therapie bei mir. Wir befaßten uns insbesondere mit ihrem Verhalten als »Super-Mutter«. Es fiel ihr schwer, sich selbst nicht dauernd zu überfordern. Als es ihr schließlich gelang, ihr Tempo etwas zurückzuschrauben, war sie überrascht von der Leere, die sie plötzlich in sich entdeckte.
Die therapeutische Arbeit konzentrierte sich darauf, Vera zu ermöglichen, ihren Selbstwert zu sehen und zu fühlen. Sie begann zu verstehen, daß ihr eigentlicher Selbstwert nicht daraus entstand, was sie für andere tat, sondern aus dem, wer sie selbst war. Einige der erlebten Einsichten, zu denen sie kam, lauteten:

- Es ist hilfreicher, den inneren Druck wahrzunehmen, statt sich sofort um die Lösung von Problemen zu kümmern.
- In sich selbst »Wert« finden.
- Lernen, den Erfahrungen und Spannungen lange genug standzuhalten, damit sich die darunterliegenden Gefühle zeigen können.
- Mehr Spontaneität im Leben zulassen.
- Das innere Erleben von Freiraum und Frieden unterstützen.

Flüchtest du dich in Handlung?

Die wesentliche Eigenschaft von Selbstreflexion und Friede

Selbstreflexion eröffnet uns den Zugang zu Informationen auf verschiedenen Ebenen – sowohl den bewußten als auch den verborgenen. Sie ist gegenwartsbezogen und bewußt passiv. In diesem Stadium von innerer Achtsamkeit beobachten wir die gegenwärtige Erfahrung ohne Vorurteile oder Bewertungen, wir sind nur auf das gegenwärtige Erleben konzentriert.
Um etwas wirklich erfassen zu können, müssen wir bis zu einem gewissen Grad in der Sache mittendrin sein. Für die Selbstreflexion jedoch ist es wichtig, einen

Fuß nach draußen geben zu können, während der andere drinnen bleibt. Nur durch diesen Spagat sind wir sowohl in der Erfahrung als auch in der Selbstreflexion präsent – wir sind innerlich achtsam.
Mit den folgenden Empfehlungen läßt sich diese innere Achtsamkeit üben.

- Pflege es, das Überraschende willkommen zu heißen und dich dabei wohl zu fühlen.
- Achte in Beziehungen auf deine Bedürfnisse und Wünsche und die der anderen, ohne sie unbedingt erfüllen zu müssen.
- Praktiziere regelmäßig eine Form von innerer Versenkung, Konzentration oder Meditation.

➤ Übung: Persönliche Ruhe finden

Reflektiere, meditiere, schreibe, diskutiere oder rede mit jemand über das Thema: »Wie vermeide ich in meinem Leben inneren Frieden? Was tue ich, um Ruhe in mir zu verhindern?«

Die Eigenschaften von Frieden und Stille entwickeln sich durch Bewußtheit und Zulassen. Wir lernen nur langsam, uns selbst zu vertrauen. Wir entdecken, daß der Weg zu innerlichem Frieden sowohl Entspannung als auch Loslassen voraussetzt. Wenn wir weniger Bedürfnis nach Kontrolle, nach Festhalten haben, können wir auch Frieden und Ruhe zulassen, die immer bereit ist, sich in uns auszubreiten.
Der Frieden, von dem ich spreche, ist kein ängstlicher oder schwacher, sondern ein kraftvoller. Wir sollten diese Kräfte nutzen. Innerer Frieden ist Medizin gegen Angst und Unsicherheit, weil er dem tiefsten Wesenskern entspringt.

Die wesentlichen Eigenschaften von Ruhe und Frieden finden wir immer in uns selbst.

Die Stärke, die im Frieden liegt, fördert Vertrauen in uns selbst, so daß wir uns weniger ängstlich in der Welt bewegen. Treffend zu diesem Thema wurde vor einiger Zeit folgende Botschaft im *Wall Street Journal* veröffentlicht:

Du bist oft gescheitert, obwohl du es schon vergessen hast.

Als du laufen lerntest, bist du schon bei den ersten Schritten hingefallen.

Als du schwimmen gelernt hast, wärst du am Anfang fast ertrunken.

Hast du den Ball getroffen, als du zum erstenmal nach ihm treten wolltest?

Der englische Schriftsteller John Creasey bekam 753 Absagen, bevor er sein erstes Buch veröffentlichte. Inzwischen sind von ihm 164 Bücher erschienen.

Habe keine Angst vor Niederlagen.

Bedaure nur die Chancen, die du versäumst, wenn du nichts versuchst.

Wer ruhig ist, kann durch Glück oder Unglück nicht verwirrt oder verängstigt werden, er bewegt sich in seiner eigenen Geschwindigkeit wie ein Schiff in einem Sturm.

Robert Louis Stevenson (1850-1894)

➤ Übung: Nichts tun

Tue für fünf Minuten absolut nichts.

Stille, Gebet und Meditation sind Übungen, um Loslassen und innere Ruhe zu stärken. Finde Möglichkeiten, um regelmäßig Ruhe zu erleben – es ist Balsam für die Seele. Entwickle die Fähigkeit, loszulassen, zu entspannen und still zu werden.

Ziehe dich zurück, wenn deine Arbeit erledigt ist. Das ist der Weg des Himmels.

Tao te king

Eigenschaften der Jahreszeit des Loslassens

- Jahreszeit: Winter
- Richtung: Norden
- Eigenschaften der Jahreszeit: Loslassen und entspannen; erinnern und reflektieren
- Transkulturelle Lebensweisheit: Offenbleiben für ein Ergebnis; sich nicht festlegen auf ein Ergebnis
- Intelligenz: Intelligenz des Verstandes
- Sucht: Perfektion; in Details verlorengehen
- Vollendungsbarriere: Beharren, Selbstwert beweisen wollen, Hyperaktivität
- Wirkungsumfang der Barriere: Der nicht integrierte Zwiespalt der Funktionen: Beharren und Klammern – Loslassen und Freigeben
- Glaubenssätze der Barriere: Du mußt weitermachen. Hör nicht auf. Mit deinen Gefühlen stimmt etwas nicht. Du mußt hart arbeiten, um etwas zu erreichen. Du mußt besonders gut sein, wenn du Liebe oder Zuneigung haben willst. Laß dich nicht ablenken.
- Zu entwickelnde persönliche Eigenschaften: Selbstvertrauen, Entspannung
- Wachzurufende essentielle Eigenschaften: Selbstreflexion und Friede
- Persönliche Entwicklungsaufgabe: Verschmelzen; Teil einer größeren Realität sein, ohne den Sinn für sich selbst zu verlieren
- Körperliche Aufgabe: Entspannung. Kultiviere Körperbewußtsein und Freiraum im Körper. Beachte den Fluß und das Muster deiner Atmung.
- Leitende Eigenschaften: Bewußtheit
- Entwicklungsziel: Sein und Präsenz
- Lernen: Loslassen, befreien, ausruhen
- Medizinrad: Säubern, erneuern, Reinheit
- Fünf-Elemente-Lehre: Wasser – volles Yin
- Lebensphase: Goldene Jahre, Tod und Erinnerung

Stirb, während du lebst, sei völlig tot. Dann mach, was immer du willst: Alles ist gut.

Bunan

8 Die Seele

Unsere Seele ist nicht in unserem Körper,
unser Körper ist in unserer Seele.

Matthew Fox

Essenz muß die Essenz von etwas sein,
sie ist die Quintessenz der Seele.

A.H. Almaas

Der Körper des Menschen ist nicht von seiner Seele getrennt.
Das, was Körper genannt wird, ist der Teil der Seele,
der von den fünf Sinnen wahrgenommen wird,
den wichtigsten Toren zur Seele.

William Blake

Die Essenz ist der Kern, das Zentrum, und die Seele der Umfang unseres Seins. Wenn die Essenz in unserem Leben den Samen ausmacht, der sich zu einem Baum entwickelt, dann ist die Seele alles zusammen: Same, Baum, Landschaft und Umgebung. Seele ist die Gesamtheit unseres Seins in seinen verschiedensten Formen und zugleich Gefäß für alles, was wir sind. Die Seele beinhaltet all das, was spürbar ist.

Unsere Essenz ist die Quelle unserer Lebendigkeit und Vitalität – die Seele enthält die Ganzheit des Lebensflusses, von Anfang bis zum Ende.

Essenz ist das Zentrum und die Seele der Umfang des Seins.

In Büchern wird die Seele so beschrieben:

- »Das belebende und vitale Prinzip im Menschen, dem Gedanken, Handlungen und Emotionen zugeordnet sind. Zugleich eine immaterielle Einheit.«
- »Die geistige Natur des Menschen, als unsterblich erachtet.«
- »Eine Person, die eine perfekte Verkörperung einer unbegreifbaren Qualität ist. Die Verkörperung selbst.«

Die Worte Seele und Essenz werden im Alltag oft wechselweise benutzt. Aus unserer Perspektive sind sie deutlich verschieden. Um die Beziehung zwischen Seele und Essenz zu betrachten, können wir das Yantra verwenden, ein geometrisches Muster, das oft als visuelle Hilfe in der Meditation benutzt wird (siehe Abbildung). Dieses Bild hat sowohl ein Zentrum als auch eine Grenze und eine Vielzahl von Mustern dazwischen. Ebenso können wir uns die Beziehungen zwischen Seele und Essenz vorstellen.

Deine Seele ist das, was du wirklich bist.

Jeffery Boyd

Der innerste Punkt steht für den ruhenden Lebensimpuls (die Essenz), und dieser drückt sich dann in vielfältiger Form aus (die Seele). Die Essenz ist der konzentrierte Samenkern, aus dem alle Formen entstehen, der Mittelpunkt im Yantra. In unserem Fall sind dies alle menschlichen Eigenschaften, unser Körper, unser Geist. Die nach oben und unten weisenden Dreiecke im Yantra zeigen die beständige Entwicklung in zwei Richtungen. Wir entwickeln uns und reifen sowohl in Richtung Himmel als auch Erde. Umgeben wird alles von einem Quadrat mit vier Toren. Die Seele bildet das Quadrat und liegt im Innern. So, wie die Essenz die konzentrierte Lebendigkeit ist, so ist die Seele die Ausdehnung und Grundlage von allem.

Die vier Richtungen halten und begrenzen das Heilige im Innern.

Während einer Reise durch Indien machte ich eine bewegende Erfahrung durch die Kraft dieses Shri Yantra. Wir hatten einen Tempel besucht, in dem die Statue der Hauptgottheit fast tellergroße, goldene Ohrringe mit dem Muster des Shri Yantra trug. Das Yantra faszinierte mich, und so verharrte ich lange. Als ich abends auf meinem Bett lag, spürte ich kurz vor dem Einschlafen eine ungewöhnliche Energie, die durch meinen Körper pulsierte, während ich ständig wechselnde Muster von Dreiecken »sah«, die den ganzen Raum erfüllten.

Es war, als ob das Muster dieses Yantras etwas in meinem Unterbewußtsein aktivierte, das nun in mein Bewußtsein vordrang und es beherrschte. Erst später erfuhr ich, daß die Statue der Gottheit über einem jetzt verdeckten Shri Yantra errichtet worden war, um die Kraft der Statue zu verstärken.

Seele ist die Gegenwart des Seins, die beides umfaßt, alle Erfahrungen und alle Essenz. Wenn unser Leben von der Seele durchflossen wird, befinden wir uns in unserem Menschsein.

Ganz Mensch sein

Seele ist Ganzheit. Seele ist nicht etwas, was wir haben, sondern die Summe dessen, was und wer wir sind: Gedanken, Gefühle, Erinnerungen, Impulse, Ängste, Abneigungen, der Körper, die Essenz, das Ego und so weiter. Seele ist wie ein Gefäß für eine Art

Energie ist ewige Freude.

William Blake

Seele ist nicht etwas, was wir haben, sondern das, was und wer wir sind.

vereinigtes Bewußtsein mit allen menschlichen Aspekten und Potentialen. Deshalb sind wir eine Seele, die sich ständig verändert und entwickelt. Sie ist groß genug, alles zu umfassen.
Sobald wir die Aktivitäten des Bewußtseins beruhigen, kann die Fülle unserer Potentiale hervorkommen und sich spontan ausdrücken. Wenn das Bewußtsein entspannt ist, kann die *Präsenz* der Seele mit dem Leben in Beziehung treten. Doch das, was meistens agiert, ist der *Inhalt* der Seele, das heißt die Muster und Konstruktionen der Persönlichkeit. Die Aktivität des Bewußtseins zu beruhigen bedeutet, diese automatischen Muster abzuschalten, um das Leben direkt und spontan wahrnehmen zu können.

Unser Potential aufwecken

Die Psychoanalyse ist ein Teil der Psychologie, die sich mit der Wissenschaft der Seele befaßt.

Sigmund Freud

Die Seele umfaßt unseren inneren Garten, der voller Muster und Potentiale ist und zugleich dem ständigen Zyklus der Wandlung unterworfen bleibt.
Antonio Machado beklagt, wieviel wir versäumen, wenn wir diesen inneren Garten vernachlässigen.

Eines schönen Tages brachte mir
der Wind den Duft von Jasmin.
»Als Tausch für den Duft meines Jasmins
gib mir alle Aromen deiner Rosen.«

»Ich habe keine Rosen, alle Blumen
in meinem Garten sind tot.«
»Nun, dann nehme ich die verwelkten Blüten
und die verdorrten Blätter und
das Wasser des Brunnens.«

Der Wind verschwand. Und ich weinte.
Und ich sagte zu mir:
Was habe ich mit dem Garten gemacht,
der mir anvertraut war?

Der Garten unserer Seele braucht Pflege, damit er in uns aufblühen kann und sich in Handlung verwandelt. Wenn wir das Stimmengewirr beruhigen, das aus unserer Persönlichkeit kommt, dann können wir die tieferliegenden Töne hören.
Viele von uns stehen wie vor einer Mauer, hinter der uns wesentliche Stimmen rufen. Aus irgendeinem Grund haben wir vergessen, daß die Ruhe des Bewußtseins das Tor ist, durch das wir zum Wesentlichen gelangen können. Was wir brauchen, ist Selbsterinnerung. Jede Kultur der Welt hat eine Form der Selbstreflexion oder Meditation entwickelt, um das verborgene Tor zu öffnen. Wir haben es mit einem zutiefst menschlichen, kulturübergreifenden Bedürfnis zu tun.
Unsere geistigen und emotionalen Muster definieren unsere Person durch die Persönlichkeit. Wenn wir sie beruhigen, ist es, wie wenn wir sie in Urlaub schicken. Obwohl wir unsere Identität brauchen, um im Alltagsleben zu funktionieren, begrenzt sie uns zugleich. Vielleicht sind passive Aktivitäten wie Fernsehen deshalb so verführerisch. Es läßt die Persönlichkeit durch den Zauber des flackernden Bildes ruhig werden. Es führt uns weg vom täglichen Drama, doch leider auch weg vom Wesenskern. Deshalb ist es für inneres Wachstum so nutzlos. Kein Potential kann sich entwickeln, wenn der Freiraum mit der Seifenoper von jemand anderem erfüllt wird.

Wenn wir die Aktivitäten unseres Bewußtseins zur Ruhe bringen, kann sich unser menschliches Potential spontan zeigen.

Es sagt sich so leicht und ist doch so schwer zu erreichen: Beruhige die Seele und der Garten zeigt sich! Wenn die inneren Aktivitäten zur Ruhe kommen, dann entsteht aus der Zersplitterung ein ursprünglicher Zustand des Wissens, entsteht Bewußtsein.

Ein Samurai ging zu einem Mönch auf der Suche nach einer Antwort. Er sagte zum Mönch mit herrschsüchtiger Stimme: »Unterrichte mich über Himmel und Hölle!«
Der Mönch schaute ihn kurz an und antwortete: »Ich habe kein Interesse, dich zu unterrichten. Und wieviel würdest du überhaupt verstehen? Scher dich weg!«
Der Krieger war überrascht und wütend. Voller Zorn zog er sein Schwert, um den Mönch mit einem Schlag zu töten.
»Das ist die Hölle«, sagte der Mönch ruhig.
Der Samurai war überwältigt vom Mut und der Klarheit, mit der der Mönch ihm eine Lehre erteilte. Er war voll Dankbarkeit, und ein tiefes Gefühl für Frieden überkam ihn.
»Und das ist der Himmel«, sagte der Mönch.

Zuhausesein

Wenn wir im Garten der Seele sind, was gibt es dann noch zu tun? Wir sind zu Hause. Wir können uns zurücklehnen und zusehen, was entsteht. Wenn die Gewohnheitsmuster des Verstandes ruhig geworden sind, kann aus der Tiefe die Inspiration auftauchen. Das bedeutet nicht, daß alles nur Friede und Freude ist. Doch alles ist natürlich, angstfrei, irgendwie richtig und mit einer bestimmten Leichtigkeit versehen. Das heißt nicht, daß wir uns in einem Zustand der Zurückgezogenheit oder Inaktivität befinden, im Gegenteil. Betrachten wir einige jener Menschen, die aus der Tiefe ihrer Seele bewegt wurden: Wie aktiv waren doch Mahatma Gandhi, Johanna von Orleans, Martin Luther King und wie aktiv ist Mutter Theresa! Diese Form der inspirierten Harmonie entsteht, wenn die Seele unser Leben direkt bewegt. Sie bringt uns in vollen Kontakt mit unserer handelnden und geistigen Existenz

Vergessen

Was geschieht, wenn wir diesen üppigen inneren Garten vergessen? Wenn wir die Realität der Seele nicht erfahren, halten wir die Persönlichkeit für unser eigentliches Sein. Wir identifizieren uns einfach mit dem, was geschieht. Die Gegenwart der Seele verschwindet, denn sie bedeutet uns nichts. Statt dessen sind wir mit den Reaktionen unserer Persönlichkeit beschäftigt.

Wenn wir nicht mit der Seele verbunden sind, identifizieren wir uns mit unserer Persönlichkeit.

Die Persönlichkeit ist jener Teil der Seele, der seine geistige Dimension verloren hat. Viele von uns leben in dem Irrtum, *ausschließlich* das zu sein, was unsere Persönlichkeit darstellt.

Die Verführung, unsere Erfahrungen und die Welt nur so zu sehen, wie sie in unserer Persönlichkeit auftauchen, ist groß. Die Welt scheint so zu sein, wie wir sie erleben. So einfach ist es jedoch nicht. Denn durch unsere oberflächliche Identifikation mit der Persönlichkeit vergessen wir, daß wir auch Seele sind. Im folgenden Gedicht klingt diese beklagenswerte Situation an.

Obwohl ich in Kyoto bin –
wenn ich den Kuckuck höre,
sehne ich mich nach Kyoto.

Matsuo Basho

Wir handeln wie der Einäugige, der in ein Dorf mit lauter Blinden kam. Er dachte, er könne leicht ihr Anführer werden. Seine Pläne verflogen jedoch, als er lernte, daß das ganze Dorf tagsüber schlief, weil es zu heiß war und deshalb nur nachts gearbeitet wurde. Da sie blind waren, brauchten sie kein Licht und konnten sich gut im Dunkeln zurechtfinden. Plötzlich verwandelte sich der Vorsprung des Sehenden zum Nachteil, und er war hilfloser als die Dorfbewohner. Was er für eine Wahrheit hielt, erwies sich als Illusion.

Genauso können auch wir vom Alltag und seinen Erfahrungen so befangen sein, daß wir dies für die letztgültige Wahrheit halten. Doch wer von uns hegt nicht hin und wieder Zweifel, ob dies alles sei... Doch die stillen, bohrenden Fragen werden meist schnell zur Seite geschoben – es könnte ja zu sehr beunruhigen.

Die Seele ist nicht im Universum, im Gegenteil, das Universum ist in der Seele.

Platonius

➤ Übung: Seele und Persönlichkeit vergleichen

Schritt 1:

- ☐ Werde ruhig, schließe deine Augen, und richte deine Aufmerksamkeit nach innen. Denke über dein Leben nach: »Was beschäftigt dich? Welche Themen bewegen dich?«
- ☐ Bleibe nun einige Minuten bei diesen Themen, indem du sie dir vorstellst, darüber nachdenkst und so weiter.
- ☐ Achte auf deine Reaktionen, Gefühle und dein Körperempfinden, während du über dein Leben reflektierst.

Schritt 2:

- ☐ Kehre zum Zustand der Ruhe und Stille zurück. Betrachte nun noch einmal die Themen von Schritt 1. Doch denke diesmal an das Gefäß, in dem all diese Aktivitäten geschehen. Das Gefäß bist natürlich du selbst. Kannst du dein ganzes Wesen als Umgebung wahrnehmen, in der all diese Gedanken, Gefühle und so weiter sich abspielen? Mit anderen Worten: Spüre den Außenumfang, die Membran, bis zu der sich all dies abspielt. Bleibe beim Gefühl für dieses Gefäß, während du dir gleichzeitig die Gedanken, Gefühle bewußtmachst, die du in Schritt 1 entdecktest.
- ☐ Achte wiederum auf alle Reaktionen, Gefühle und das Körperbewußtsein, und bleibe nochmals einige Minuten dabei.

Nach Vollendung von Schritt 1 und Schritt 2 vergleiche die Erfahrungen, die du jeweils gemacht hast.
Für die meisten stellt sich bei dieser Übung ein deutlicher Unterschied zwischen Schritt 1 und 2 heraus. Bei Schritt 1 steht die Persönlichkeit im Vordergrund – mit ihrer Tendenz zur Anspannung und zur Trennung. Schritt 2 bringt die Seele in den Mittelpunkt, mit ihrer Tendenz, sich auszudehnen und Verbindungen herzustellen.

Erwachen der Seele

Wenn wir mit unserer Natur verbunden sind, verlieren schmerzliche Erfahrungen ihre Kraft. Dadurch wird es möglich, die Wirklichkeit in neuem Licht zu betrachten. Vielleicht werden unsere Mitmenschen diese unsere Wandlung nicht unbedingt wahrnehmen oder bestätigen. Deshalb kann es hilfreich sein, in irgendeine Form spiritueller Praxis oder in eine Therapie eingebunden zu sein, in denen veränderte Sichtweisen bestätigt, verfeinert und entwickelt werden können.

Meditation oder Reflexion vergrößern unsere innere Achtsamkeit und Konzentration und fördern die Lösung vom engbegrenzten Ich. Auf diese Weise läßt sich die Essenz wiedererwecken und die Verbundenheit mit der Welt kultivieren. Therapeutische Arbeit kann auf diesen Kapazitäten aufbauen, um Entfaltung zu ermöglichen.

> Wenn wir in unserem Wesen ruhen, verlieren störende Erfahrungen ihre Macht über uns.

➤ Übung: Bewegungen der Seele

Erinnere dich an eine Zeit, in der dein Wesen maximal präsent war. Eine Zeit, in der dein ganzes Wesen eine echte Rolle spielte. Erinnere dich so detailliert wie möglich an die Umstände, inklusive der Töne und Bilder, der Gerüche und des Geschmacks. Stell dir dies so real wie möglich vor.

- ☐ Achte darauf, was mit deinen Gedanken, Gefühlen und Energien passiert, wenn du diese innere Weite nacherlebst.
- ☐ Gehe jetzt vorsichtig in die andere Richtung: Erinnere dich an Situationen, in denen dein Wesen maximal verkrampft und zurückgezogen war. Achte darauf, wie du darauf reagierst. Was passiert mit deinem Körper, deiner Energie, deinen Gefühlen?
- ☐ Bewege dich nun wieder in den Zustand der Expansion zurück und dann erneut in den der Kontraktion. Versuche, langsam vor- und zurückzupulsieren. Achte darauf, nicht ins Extrem zu verfallen.
- ☐ Diese Übung ermöglicht es dir, nachzuempfinden, wie die Seele pulsiert.

Verbundenheit und Zusammenhänge

Insbesondere in der Politik hört man häufig den Satz: »Was gut ist für die Wirtschaft, ist gut für unser Land.« Doch inzwischen sollten wir erkennen, daß die Dinge nicht ganz so einfach sind. Denn wir erleben, daß das, was für das Geschäft gut ist, sich für die Umwelt oder die Arbeitenden zum Nachteil auswirken kann. Es ist also an der Zeit, die alte und neue Weisheit der Zusammenhänge wieder zu lernen.

Für alles gibt es eine Jahreszeit;
Eine Zeit gibt es für alles unter der Sonne:
Eine Zeit für Geburt und eine Zeit zu sterben;
Eine Zeit zu pflanzen und eine Zeit zu ernten;
Eine Zeit zu töten und eine Zeit zu heilen...
Eine Zeit zu weinen und eine Zeit zu lachen;
Eine Zeit zu wehklagen und eine Zeit zu tanzen...
Eine Zeit zu umarmen und eine Zeit, nicht zu umarmen;
Eine Zeit zu verlieren und eine Zeit zu suchen...
Eine Zeit aufzutrennen und eine Zeit zusammenzunähen;
Eine Zeit, ruhig zu sein und eine Zeit zu reden;
Eine Zeit zu lieben und eine Zeit zu hassen;
Eine Zeit für Krieg und eine Zeit für Frieden.

Ecclesiastes 3:1-8

Die Seele ist Ausdruck der Verbundenheit des Lebens. Diese Verbundenheit bleibt grundlegend für die Natur und alles Lebende. Solche Zusammenhänge werden von Wissenschaft, Philosophie und den Religionen in Ost und West respektiert. Auch die moderne Systemtheorie sieht das Leben als Gewebe von Verbindungen und Zusammenhängen.

Betrachten wir dieses Verständnis ein wenig näher. Ein »System« ist ein Konzept, das nur durch unsere Benennung existiert, so, wie der Begriff Familie uns hilft, diese auch zu »sehen«. Ohne den Begriff der Familie würden wir nur eine Gruppe von Individuen vor uns haben. Doch wenn das Konzept vorhanden ist, wird die Familie sichtbar und zur Realität.

Weisheit ist die Intelligenz des gesamten Systems.

Gregory Bateson

Solch eine Betrachtung von Mustern und Systemen ist nicht auf Wissenschaft, Management oder Psychologie beschränkt – auch viele alte Traditionen basieren auf dieser Einsicht. So besagte die Weltanschauung der amerikanischen Ureinwohner, daß

- alles lebendig ist
- alles zusammenhängt
- alle Entscheidungen auf der Grundlage zu fällen seien, was gut für die Kinder in sieben Generationen ist.

Eine nützliche Theorie hilft uns, Türen zu öffnen und Fragen zu stellen.

Die Welt ist ein kompliziertes, unendliches, untereinander vielfach verbundenes ökologisches, soziales, psychologisches, ökonomisches System. Wir gehen damit um, als sei es nicht so. Als sei es aufteilbar, abtrennbar, einfach und endlich. Niemand will oder bemüht sich darum, Hunger, Armut, Verschmutzung oder Seuchen zu erzeugen. Nur wenige treten aktiv für Aufrüstung, Terrorismus, Alkoholismus oder Inflation ein. Doch diese Ergebnisse werden beständig vom Systemganzen produziert, trotz aller Politik und Bemühungen dagegen.

P. Meadows

Menschen und lebendige Systeme haben kein Ende in sich. Unser Sein und unser Einfluß birgt viele Dimensionen. Eines der Probleme beim Denken in Systemen besteht allerdings darin, daß wir mit einer immensen Komplexität konfrontiert werden. Um eine solche Kompliziertheit zu betrachten, müssen wir Intuition entwickeln, unsere Bewußtheit und innere Achtsamkeit einsetzen – lineares Denken allein reicht nicht.

Dies bedeutet aber auch, daß wir die Sucht aufgeben müssen, sofort alles verstehen zu wollen. Wir werden mit den Grenzen unseres Denkens konfrontiert. Weder du noch ich, noch sonst jemand kann alles verstehen. Die Zusammenhänge zwischen Menschen und Systemen, wie Gesellschaft, Natur und Welt, werden wir nie vollständig begreifen. Wir brauchen mehr Information und Präsenz, als wir durch Denken erreichen können. Wir brauchen beides: Intuition *und* Denken. Wir müssen bereit sein, mit Unsicherheiten zu leben und unseren Weg durch Denken, Fühlen und Spüren selbst zu finden. Nur durch Erforschen können wir den Weg durch das Gewebe und Gewirr von Beziehungen finden.

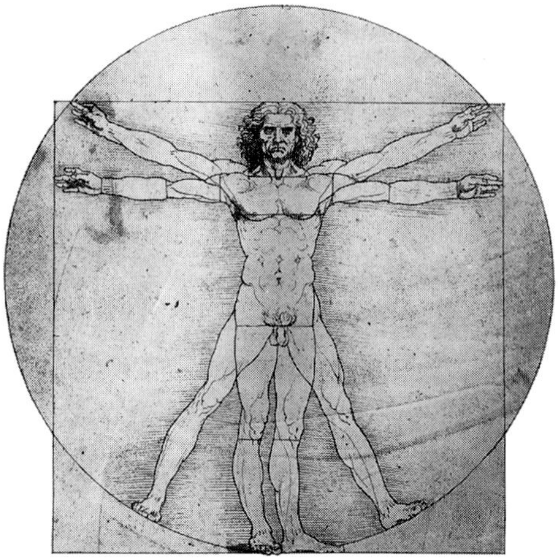

Egal, wieviel Kontrolle wir haben wollen – etwas Lebendiges werden wir niemals völlig kontrollieren können. Oberflächlich gehen wir im Alltagsleben davon aus, Kontrolle zu haben, einfach, um uns zu bestätigen. Doch das ist nicht die ganze Wirklichkeit. Wir lernen die Dinge nicht kennen, indem wir prüfen, wie sie funktionieren, um sie anschließend zu kontrollieren. Wir lernen sie durch Erforschen kennen und indem wir in den ständig sich verändernden, facettenreichen Wahrheiten unsere eigenen Antworten finden. In der Darstellung von Systemen und Komplexitäten können wir nachvollziehen, wie das Verständnis der Welt sich verlagert hat.

Die Seele ist das »menschliche System«, das, wie erwähnt, alles Menschliche enthält und verbindet. Alles ist verbunden, hängt zusammen und hat dennoch seine Individualität. Dieses Verständnis könnte sowohl aus der modernen Systemtheorie als auch von Naturvölkern stammen.

Die nebenstehenden Illustrationen bilden den Menschen in einem Umfeld ab und könnten als zwei Darstellungen der Seele betrachtet werden. Das obere Bild nimmt die europäische Perspektive ein, das untere die Sicht amerikanischer Ureinwohner, der Indianer.

Komplexität und Systemganzheit kann unter Berücksichtigung persönlicher Aspekte folgendermaßen betrachtet werden:

- Wir sind alle miteinander verbundene, aufeinander einwirkende Teile des gleichen Prozesses und des großen Ganzen. Nur meine Grenzen unterscheiden sich von deinen Grenzen.
- Wir befinden uns gemeinsam in diesen Prozessen und beeinflussen uns wechselseitig.
- Das Universum erfordert unsere Teilnahme. Wir können gemeinsam Erfahrungen machen, mit anderen mitfühlen. Wir können uns dabei helfen, unsere Unterschiede kennenzulernen.

- Ich kann mich dafür entscheiden, offen zu sein und mich bewußt von anderen beeinflussen und berühren lassen. Ich kann die Gemeinsamkeiten und Unterschiede unserer Komplexität erkennen.

➤ Übung: Körper, Persönlichkeit, Essenz und Seele

Betrachte die vier Dimensionen deines Lebens:
- ☐ Wieviel verstehst du von jeder?
- ☐ Wieviel kannst du von jeder empfinden?
- ☐ Wie wichtig ist dir jede?
- ☐ Inwieweit nutzt du das Potential jeder Dimension?
- ☐ Inwieweit sind sie dir bewußt, inwieweit fühlst du jede?

Volle Entfaltung

Der Psychologe Carl Rogers nannte drei Bedingungen, die für das Wachstum in Beziehungen unerläßlich sind: Mitgefühl, uneingeschränkte positive Beachtung und Aufrichtigkeit. Er war überzeugt davon, daß Aufrichtigkeit die schwierigste und wichtigste dieser drei Bedingungen sei. Ein anderer Pionier der Psychologie war Abraham Maslow. In seiner Forschung beschrieb er die Kapazitäten entwickelter Individuen und ihren Weg dorthin. Aus jahreszeitlicher Sicht sagen wir, daß eine voll entfaltete Person die inneren vier Jahreszeiten gut ausbalanciert. Ein solcher Mensch lebt aus der Fülle der Seele. Hier einige der Ergebnisse von Maslow:

Wie ich bin, ist gut genug, wenn ich es nur offen sein könnte.

Carl Rogers

Charakteristika der vollen Entfaltung:
- Wirklichkeit wahrnehmen und Ungewißheit tolerieren.
- Sich selbst und andere so akzeptieren, wie sie sind.
- Spontan im Denken und Verhalten sein.
- Die Aufgabe wichtig machen, statt sich selbst wichtig zu machen.
- Sinn für Humor haben.

- Kreativ sein.
- Widerstandsfähig gegen Vereinnahmung sein, jedoch nicht gezielt unkonventionell.
- Sich um das Wohl anderer Menschen sorgen.
- Fähig sein, elementare Lebenserfahrungen zu würdigen.
- Tiefe, befriedigende Beziehungen mit wenigen statt mit vielen zu haben.
- In der Lage sein, das Leben von einem objektiven Blickwinkel aus zu betrachten.

Verhalten, das zu voller Entwicklung führt:

- Das Leben wie ein Kind wahrnehmen können, mit voller Versenkung und Konzentration.
- Neues ausprobieren, statt an Altem zu kleben.
- Bei der Beurteilung von Erfahrungen auf die eigenen Gefühle hören statt auf die Stimme von Tradition, Autorität oder Mehrheit.
- Ehrlich sein, keine Vorwände aufbauen, keine Spiele spielen.
- Bereit sein zu Unpopulärem, auch wenn deine Ansichten nicht mit der Mehrheit übereinstimmen.
- Verantwortung übernehmen.
- Ernsthaft an dem arbeiten, wozu du dich entschlossen hast.
- Den Versuch unternehmen, die eigene Abwehr, Barrieren und Süchte zu erkennen und den Mut haben, sie aufzugeben.

Diese Ergebnisse der Untersuchungen von A. Maslow zeigen uns den Weg zum wesentlichen Leben, indem wir von denen lernen, die vor uns diesen Weg gingen. Der heikle Punkt dabei ist, unterscheiden zu können, auf welcher Ebene wir leben. Wenn wir meinen, aus der Persönlichkeit zu leben sei das gleiche, wie aus der Essenz zu leben, dann verhalten wir uns wie die Menschen in folgender Geschichte.

Eine Frau hatte bei einem Unfall ihr Bein gebrochen. Sie mußte lernen, mit Krücken zu gehen. Bald fand sie die Krücken in vielfacher Hinsicht nützlich. Sie konnte sie als Schutz benutzen, sich darauf lehnen, Töpfe aus einem hohen Regal holen, damit in der Erde bohren, die Tiefe eines Baches überprüfen und so weiter. Sie brachte der ganzen Familie bei, wie Krücken genutzt werden können, und bald wurden sie für alle Routine. Das machte Schule. Jeder wollte welche.

Krücken, die besonders verziert waren, wurden modern. Man schrieb Bücher darüber, und Schulen unterrichteten über ihren Gebrauch. Einige lehnten die Krücken ab, wurden aber von den anderen für verbohrt und dickköpfig gehalten. Es war für sie offensichtlich, wie nützlich Krücken sein konnten.
Einige der Verweigerer versuchten, mit den anderen zu reden, ihnen zu erzählen, daß Krücken nur zeitweise nützlich waren, doch meist im Weg stünden. Die anderen wurden wütend. Einige der Verweigerer wurden bestraft.
Um auf ihre Sache aufmerksam zu machen, begannen einige der Verweigerer, sich besonders ausgefallen zu bewegen oder zu gehen. Sie wurden ignoriert.
Jetzt sagten ihnen die anderen: »Selbst wenn wir ohne Unterstützung laufen wollten, könnten wir es nicht.« Denn nun waren sie schon so lange mit Krücken gegangen, daß sie nicht mehr ohne Unterstützung gehen konnten.

In den Gesichtern der Menschen sehe ich Gott.

Walt Whitman

➤ Übung: Transformation

Denke über dein Leben nach, und betrachte eine Zeit, in der du eine wichtige innere Wandlung vollzogen hast.
- ☐ Wie waren die Umstände deines Lebens?
- ☐ Wie oder wer warst du vor der Veränderung?
- ☐ Wie oder wer warst du nach der Veränderung?
- ☐ Nenne das entscheidende Element, das den Wandel bewirkte.

Frage dich: »Was lebt mich?«

Unsere Seele ist eine Vision der Schönheit. Es gibt Landschaften und Flüsse in uns, die wir erleben und zum Vorschein bringen können. Wenn wir uns unser Inneres und die Inspirationen genau anschauen, sehen wir, daß es Hunderte von Wegen gibt, diese Schönheit zu zeigen. Beachte deine eigene Schönheit, die deine Seele liebt. Was liebst du wirklich mit deinem ganzen Wesen? Laß dich von dieser Liebe leiten. Ein Leben, das von Liebe erfüllt ist, ist ein Weg, Schönheit zu berühren und sie weiterzugeben.

Wenn in der Seele Licht ist,
gibt es Schönheit in der Person.
Wenn Schönheit in der Person ist,
gibt es Harmonie im Haus.
Wenn Harmonie im Haus ist,
gibt es Ordnung im Land.
Wenn Ordnung im Land ist,
gibt es Frieden in der Welt.

Chinesischer Spruch

Nachwort

Zahllose Akte von Großzügigkeit, Unterstützung, Liebe und Inspiration machten es mir möglich, dieses Buch zu schreiben.

Zuallererst danke ich Ron Kurtz dafür, daß er die Hakomi-Therapie entwickelt hat. Viele seiner Konzepte waren für mich inspirierend und fanden ihren Weg in dieses Buch. Auch die anderen Lehrer des Hakomi-Instituts haben die Entwicklung dieser Arbeit unterstützt. Der Austausch mit ihnen hat mich angeregt und stimuliert. Einige dieser Informationen wurden Teil meines eigenen Unterrichts. Wichtige Impulse aus dem Hakomi-Stab kamen von Cedar Barstow, Lucky Phil DelPrince, Dan Dolan, Jon Eisman, Greg Johanson, Pat Ogden, Devi Records und Halko Weiss. Mein Dank gilt auch dem Hakomi-Institut für die Unterstützung während all der Jahre.

Besonderer Dank gebührt Hameed Ali für sein psychologisches Werk. Seine Arbeit und die »Diamond-Heart-Retreats« der Ridwhan-Schule waren für mich eine beständige Quelle für Klarheit, Inspiration und Hilfe. Wichtige Anregungen kamen auch aus der Gruppenarbeit von Yvonne Agazarian.

Eine spezielle Würdigung geht an meine Mutter Johanna und an meinen Bruder Karl für ihre unerschütterliche Unterstützung in jeder denkbaren Form meiner Lebensetappen, die mitunter chaotisch und unberechenbar waren. Es gab kein Nachlassen in ihrer Liebe und Zuwendung für mich. Ich danke insbesondere Karl für die Übersetzung des Buches und den hilfreichen und entfaltenden Prozeß, der für uns beide entstand.

Meiner Lektorin Ulrike Reverey möchte ich für ihre unermüdliche Begeisterung und Unterstützung an diesem Projekt danken. Amsterdam war ein großzügiger Aufenthaltsort in Europa und Santa Barbara ein schönes Zuhause, in dem das Buch konzipiert und fertiggestellt wurde. Aus meinem Herzen kommt der Dank für die liebevolle Unterstützung und die Inspiration durch JoAnna Chartrand.

Ihre Liebe, ebenso wie ihre furchtlose Kritik während der Entstehungszeit haben Unermeßliches zum Buch beigetragen. Mein Dank auch an alle, die das Manuskript gelesen haben und Vorschläge machten. Verpflichtet bin ich auch allen Studenten und Teilnehmern von Workshops, die mir Gelegenheit gaben, mein Material zu entwickeln und zu verfeinern. Ohne ihre Teilnahme, Unterstützung, Kritik, Interesse und Herausforderung wäre dieses Buch nicht möglich gewesen. Schließlich danke ich Elizabeth Cogburn für ihre getanzten Visionen und Swami Satchidananda für seine Liebe und sein Ruhen im Göttlichen, das mich so gut durch das Leben getragen hat.

Adresse des Autors:

Dyrian Benz
CoreDynamics Institute
450 Paseo Del Descanso
Santa Barbara, CA 93105

Kontaktadresse Deutschland:

HAKOMI Institute of Europe
Friedrich-Ebert-Anlage 9
69117 Heidelberg

Kontaktadresse für GanzheitGruppe:

GanzheitGruppe – Kontaktbüro
Leiblstr. 17
68163 Mannheim

Literatur- und Quellenverzeichnis

Ackerman, Diane: *A Natural History Of Love*. New York, 1994.
Agazarian, Yvonne: »*The* Phases Of Group Development And The System-Centered Group«. In: *Ring Of Fire* (Hrsg.): V. Schermer und M. Pines. New York, 1994.
Almaas, A.H.: Essence. Maine, 1986; dt.: Essenz – *Der diamantene Weg zur inneren Verwirklichung*. Transform, Oldenburg, 1994.
ders.: *Die Leere*. Transform, Oldenburg, 1992.
Arrien, Angeles: *Der vierfache Weg*. Bauer, Freiburg, 1996.
Balsekar, Ramesh: *Pointers From Nisargadatta Maharaj*. Chetana, 1982.
ders.: *Consciousness Speaks*; dt.: *Erleuchtende Gespräche*. Lüchow, Freiburg, 1994.
Basho, Matsuo: *Morning Mist*. New York, 1993.
ders.: *111 Haiku*. Ammann, Zürich, 1994.
Bateson, Gregory: *Steps To An Ecology of Mind*. London, 1972; dt.: *Ökologie des Geistes*. Suhrkamp, Frankfurt, 1983.
Benz, Dyrian/Weiss Halko: *To the Core of Your Experience*. Santa Barbara, CA, 1989.
Berman, Morris: *The Reenchantment Of The World*. New York, 1981; dt.: *Die Wiederverzauberung der Welt*. Hamburg, 1985.
Bly, Robert: *The Kabir Book*. Boston, 1971.
ders.: *American Poetry: Wildness And Domesticity*. New York, 1990.
Boyd, Jeffrey: *Affirming The Soul*. Cheshire, CT, 1994.
Bynner, Witter: *Tao de Ching – The Way of Life*. New York, 1980.
Campbell, Joseph: *Myths To Live By*. New York, 1972.
ders.: *Mythen der Menschheit*. Kösel, München, 1993.
Dobel, Richard: *Lexikon der Goethe-Zitate*. Deutscher Taschenbuch Verlag, München, 1995.
Heider, John: *Das Tao der Führung*. Hugendubel, München, 1995.

Hellwig, Gerhard: *Das große Buch der Zitate*. Gütersloh, 1974.
Hesse, Hermann: *Gesammelte Werke*, Suhrkamp, 1990.
Jacobsen, Rolf: *Twenty Poems Of Rolf Jacobsen*. Übersetzt von Robert Bly. Maine, 1976.
Jimenez, Juan Ramon: *Selected Poems Of Lorca And Jimenez*. Übersetzt von Robert Bly. Boston, 1973.
Johanson, Greg/Kurtz, Ron: *Sanfte Stärke*. Kösel, München, 1993.
Kirchberger, J.H.: *Das große Zitaten Buch*. Droemer Knaur, München, 1977.
Kurtz, Ron: *HAKOMI*. Kösel, München, 1994.
Lenk, Hans: *Kritik der kleinen Vernunft*. Suhrkamp, Frankfurt, 1987.
Machado, Antonio: *Selected Poems*. Übersetzt von Alan S. Trueblood, Cambridge, Mass., 1982.
Marcuse, Herbert: *Eros And Civilization*. New York, 1955; dt.: *Triebstruktur und Gesellschaft* (Schriften, Band 5). Suhrkamp, Frankfurt, 1979.
Mitchell, Stephen (Hrsg.): *The Enlightened Heart*. New York, 1989.
Owen, Stephen: *The Great Age Of Chinese Poetry*. Yale, 1981.
Rilke, Rainer Maria: *Gesammelte Werke*. Leipzig, 1930.
Selected Poems of Rainer Maria Rilke. Übersetzt von Robert Bly. New York, 1981.
Roberts, Elizabeth/Amidon, Elias (Hrsg.): *Earth Prayers*. San Francisco, 1991.
Rogers, Carl R.: *Die klientenzentrierte Gesprächspsychotherapie*. Fischer, Frankfurt, 1978.
ders.: *A Way Of Being*, Boston, 1980; dt.: *Der neue Mensch*. Klett-Cotta, Stuttgart, 1993.
Seldes, George: *The Great Quotations*. New York, 1960.
Shaw, Indries: *World Tales*. New York, 1979.
Taggert, Sarah: *Living As If*. San Francisco, 1994.
Washburn, Michael: *The Ego and the Dynamic Ground*. New York, 1988.
Weiss, Halko/ Benz, Dyrian: *Auf den Körper hören. Hakomi-Therapie. Eine praktische Einführung*. Kösel, München, 1993.

Zeichnungen auf den Seiten 13, 22, 51, 60, 61, 79, 81, 97, 119, 122, 123: Eva Amode, München.
Motiv der Seiten 102, 146 oben: Federzeichnung (1485-1490) von Leonardo da Vinci.
Alle übrigen Illustrationen: Archiv des Autors.

Biographie

Dyrian Benz, Ph.D., ist Psychologe, leitet Seminare, Ausbildungen und Gruppen in Nordamerika und Europa. Er schöpft aus dem reichhaltigen Erfahrungsschatz seiner über zwanzigjährigen therapeutischen Arbeit. Seit 1976 praktiziert er als Psychotherapeut. Er ist Gründungsmitglied und Ausbilder des Hakomi-Instituts; darüber hinaus Lehrer der »GanzheitGruppe: Dynamische Systemgruppe«, einer Systemischen Form der Gruppenarbeit.

Dr. Dyrian Benz, geboren in Deutschland, lebt heute in Santa Barbara, Kalifornien, und ist dort an öffentlichen und privaten Institutionen tätig. Seine Arbeitsthemen umfassen Ausbildung in Familientherapie, die Gebiete Biofeedback, Psychologie, Systemische Gruppenarbeit sowie Meditation, Yoga, Tai Chi und seit 1993 die Praxis der Diamond Heart Methode von A.H. Almaas.

Seine Arbeit und Erfahrungen mit den Kernelementen der Lebendigkeit »Körper, Persönlichkeit, Essenz und Seele« machte er zum Thema dieses Buches. Er erläutert verschiedene Methoden zur Förderung der tiefen inneren Entwicklung und Möglichkeiten der Entfaltung, die jeder Mensch in sich trägt.

Gemeinsam mit Halko Weiss veröffentlichte er bei Kösel das Buch *Auf den Körper hören* (^{4}1993).

Persönliche Notizen

Persönliche Notizen

Persönliche Notizen